Morte in maratona

Cinzia Medaglia

e–mail: cinziamedaglia@yahoo.de

2nd Ed., 2016.

ISBN: 978-1494778859

Autore: Cinzia Medaglia

Copertina di: Martin Seiffarth

Realizzazione editoriale: Martin Seiffarth

Indice

Capitolo 1: La maratona 1

Capitolo 2: Morto, morto, morto 7

Capitolo 3: Succo di fragola 14

Capitolo 4: Foto 20

Capitolo 5: Bignè 28

Capitolo 6: Paolo 33

Capitolo 7: Stile americano 45

Capitolo 8: Mercoledì 50

Capitolo 9: La catenina 56

Capitolo 10: Giacche e computer 66

Capitolo 11: Sospetti 71

Capitolo 12: La fine 80

I personaggi

Marco,	
Giorgia,	sua amica
Stefano,	suo nemico
Luca,	suo fratello
Ugo,	suo vecchio compagno di scuola

Capitolo 1: La maratona

Un fiume di persone in maglietta e pantaloncini. Li chiamano runner, maratoneti, podisti... Sono qui a Roma, per correre. Correre una corsa lunga di 42 km e 195 metri.

Anche Giorgia è qui per correre. Ha cominciato due anni fa con un'amica. Per dimagrire[to lose weight], per tenersi in forma[to keep fit]. Poi però la corsa è diventata una passione.

E adesso, dopo una lunga preparazione è qui, per la sua prima maratona.

Giorgia è di media statura, e ha i capelli lunghi e neri. Accanto a lei c'è il suo amico Marco; come lei ha capelli ricci[curly] e neri. Sembra suo fratello. Ma non è suo fratello. E' un suo amico, il suo migliore amico.

"Allora, come va?" le chiede.

"Bene" risponde lei "e tu?"

"Alla grande. Sei pronta?"

"Sì, credo almeno."

"Io voglio assolutamente andare sotto le tre ore e trenta" dice Marco.

"Beh, l'importante è correre, no?" interviene Stefano che arriva in quel momento con una bottiglietta di acqua in mano.

"Ma non dire cavolate[stupid things]!" sbotta Marco. "Ho fatto sette maratone, so che riesco a correre per 42 km. Non è proprio quella la grande impresa[challenge]. La cosa importante è il tempo."

"Io voglio solo arrivare in fondo[to the end] dice Stefano.

"Tu sei una merda" replica Marco e ride.

Giorgia è affezionata a Marco. Sono amici da tanto tempo, da quando avevano dieci anni. Però quando lui fa l'arrogante, lo detesta.

"Tu puoi fare anche duecento km alla settimana" ripete Marco "ma sei e rimani una merda."

"E dai!" lo riprende Giorgia. "Quanto sei carogna[dirty rat]!"

"Lo sai che il tuo amico è così" dice Vincenzo. "Mi dicono che anche al lavoro non è proprio uno zuccherino."

Vincenzo è il quarto del loro gruppo, il gruppo che si è allenato insieme.

Giorgia e Stefano lavorano insieme nell'azienda[firm] di Marco. E' un'azienda di famiglia. Il papà di Marco si è ritirato due anni fa e ha lasciato tutto al figlio.

Giorgia, dopo l'università, ha lavorato a Londra per un anno come assistant manager in una grande compagnia. Un giorno le ha telefonato Marco e le ha offerto un posto nella sua azienda.

Lavorare con un amico, un buon amico... un sogno! Così Giorgia ha accettato, è tornata in Italia e adesso è il capo personale[human resources manager] dell'azienda di Marco. Stefano, invece, è una specie di project manager. E Marco? Marco naturalmente è il capo. Ci sono altre venti persone che lavorano nella sua azienda. E, come ha detto Vincenzo, Marco non è uno "zuccherino". E' brusco, a volte addirittura scortese[rude] e fa spesso battute[jokes] cattive.

Le persone sopportano perché hanno bisogno del lavoro.

L'unica che riesce a parlare e ad andare d'accordo con Marco è Giorgia. Lei lo rimprovera, lei intercede per questo e quello. E lui è l'unica che ascolta. Perché? Perché Marco è innamorato di Giorgia dai tempi della scuola elementare. Ma lei non ricambia, non ha mai ricambiato.

"Ti voglio tanto bene, ma per me sei un amico, una specie di fratello" gli ha sempre detto.

CULTURA

Roma

Roma è la capitale d'Italia. Si trova nel Lazio nell'Italia centrale e con i suoi 2 milioni di persone è la città più popolosa d'Italia.

Le attrazioni principali di questa città risalgono alla grande civiltà degli antichi romani, del periodo rinascimentale e del Barocco.

Il monumento più famoso di Roma è il Colosseo (73 d.C). Qui si riunivano gli spettatori nell'antica Roma per assistere alle lotte dei gladiatori e agli spettacoli di animali portati dall'Asia e dall'Africa.

La maratona parte dai Fori Imperiali e attraversa tutta la città. I maratoneti passano davanti al Colosseo, simbolo della città, a decine di chiese, ai palazzi rinascimentali, alle fontane barocche e a piazza San Pietro, centro del piccolo stato dove vive il papa. Infine torna ai Fori.

CULTURA

San Pietro

Piazza San Pietro con la basilica di San Pietro è il cuore di Città del Vaticano. Nel corso dei secoli molti artisti e architetti (tra cui: Raffaello, Michelangelo e Bernini) hanno lavorato alla basilica.

Piazza San Pietro si trova davanti alla basilica. E' uno splendido esempio di architettura barocca. E' una piazza molto grande; infatti è la piazza più grande d'Italia.

Sono le nove e trenta. La maratona parte. I quattro hanno in programma di correre insieme al ritmo[pace] di cinque minuti al chilometro per i primi trenta chilometri.

"Chi riesce a tenere il ritmo, bene" dice Marco. "Se no… ognuno per la sua strada."

"Sì, giusto" conferma Stefano. "Nessuno deve rallentare[slow down] per un altro…"

"Quanto siete seri tutti quanti!" fa Giorgia e sorride. "Non siamo qui per divertirci?"

Nessuno risponde.

Giorgia non insiste. Sa che per i compagni "fare il tempo" è importante. In fondo da mesi si allenano[to train] giorno dopo giorno per quello. Solo un maratoneta può capire.

Il gruppo di Marco, Giorgia, Stefano e Vincenzo corre al ritmo di cinque fino alla mezza maratona, ai 21 chilometri. Qui Vincenzo resta indietro, non riesce a tenere il ritmo. Adesso sono Marco, Giorgia e Stefano insieme. Altri due runner si uniscono[to join] a loro. Uno di questi si mette accanto a Marco che sta in testa al gruppo. Sono loro che fanno il passo.

Giorgia non riesce a parlare perché è troppo a corto di fiato[out of breath]. Marco e l'altro runner stanno parlando, ma lei non sente cosa dicono. Il sesto runner corre dietro di loro invece. Al rifornimento del 30° km Vincenzo li raggiunge[reaches them] di nuovo.

"Ehi!" esclama Giorgia. "Ce l'hai fatta."

"Sì, ho avuto una crisi" dice Vincenzo "ma adesso mi riprendo."

Al rifornimento tutti prendono una bottiglietta. Fa caldo e bevono. La tengono in mano per qualche minuto mentre corrono più lentamente.

Intanto il gruppo si è ricostituito: in testa c'è ancora Marco e accanto a lui i due runner che non conoscono. Appena dietro c'è Vincenzo. Dietro a Vincenzo Giorgia corre con Stefano. Giorgia si sente davvero stanca.

"Io rallento adesso" dice a Stefano.

"Siamo al 32°" fa Stefano. "Dai, non mollare[don't give up]!"

"Sono davvero stanca, Stefano..."

Giorgia rallenta. Il gruppo a poco a poco la stacca[leaves her behind].

Adesso Giorgia è sola. Beve ancora acqua, poi butta viato throw away la bottiglietta. Percorre cinquecento metri a un passo più lento. Si sente in piena crisi.

"Dai, non mollare" si dice.

E' quasi al 33° chilometro quando vede un gruppo di persone ferme. Sono Stefano, Vincenzo, uno dei volontari che fanno assistenza e... una persona distesa[lying] a terra.

Giorgia si ferma.

"Cosa succede?" chiede Giorgia.

"E' Marco" risponde Stefano.

"Marco?" Giorgia si inginocchia vicino a lui. Marco ha la faccia grigia, le labbra esangui[bloodless], il corpo che sembra senza vita.

Giorgia è presa dal panico.

"Oh, mio Dio. Ma cos'ha? Cosa succede?" ripete.

"Si è sentito male" risponde Stefano.

"Ho chiamato l'ambulanza" dice il volontario.

Giorgia, che è sempre in ginocchio accanto a Marco, gli tiene la mano nella sua.

Si piega[to bend over him] su di lui e gli sussurra:

"Marco, Marco, per favore Marco, riprenditi, Marco, ti prego..."

E' arrivata l'ambulanza. Scendono dei paramedici.

Uno esamina Marco per pochi secondi. Poi si rivolge ai tre giovani.

"Mi dispiace, non c'è più niente da fare" dice.

Giorgia non vuole crederci.

"Questo cosa vuole dire?" grida.

"Giorgia Giorgia, calmati, ti prego" Stefano cerca di abbracciarla[to hug her], ma Giorgia si divincola[wriggles]. Si rivolge al paramedico.

"Cosa vuol dire?" ripete.

"E' morto, signorina, mi dispiace" risponde lui. "Non c'è più niente da fare."

"No, non è possibile. Non è possibile..." Giorgia scoppia a piangere.

Stefano le si avvicina e questa volta lei si fa abbracciare.

"Mi dispiace Giorgia, mi dispiace tanto" dice.

ESERCIZI

1. La maratona ha luogo a

A Milano
B Roma
C Venezia

2. Marco vuole

A arrivare alla fine della maratona
B divertirsi durante la maratona
C finire la maratona in meno di tre ore e trenta

3. Giorgia ______ pronta

A pensa di essere
B sa di non essere
C è certa di essere

4. Dopo 30km, Giorgia corre

A da sola
B con Vincenzo, Marco e Stefano
C con Vincenzo, Marco, Stefano e due persone che non conosce

5. Marco e Giorgia sono

A fratello e sorella
B fidanzati
C amici

6. Marco è

A il capo di un'azienda
B disoccupato
C impiegato in un'azienda

7. Alla fine del capitolo Marco è

A molto contento
B morto
C arrabbiato

8. Alla fine del capitolo Giorgia è

A triste
B contenta
C morta

1 – b, 2 – c, 3 – a, 4 – c, 5 – c, 6 – a, 7 – b, 8 – a

Capitolo 2: Morto, morto, morto

Morto, morto, morto... Queste parole battono come un martello[hammer] nella mente di Giorgia. Marco, il suo amico Marco è morto. Dicono che il cuore si è fermato.

Il caldo, lo sforzo[effort], la corsa, la maratona... queste sono le cause della morte di Marco. Cause che hanno portato a un infarto, un attacco cardiaco.

"Ma Marco aveva appena fatto l'elettrocardiogramma e un esame medico" ha detto Giorgia.

"Questo non vuol dire niente" ha replicato Stefano.

"Secondo quell'esame era a posto, anzi era... perfetto" insiste Giorgia.

"Basta Giorgia, non ti tormentare!" le dice Vincenzo. "Marco è morto, ha avuto un infarto. E' bruttissimo, lo so, ma non possiamo fare niente."

Giorgia piange.

"E' terribile andarsene così... Era il mio migliore amico, era ..."

"Non dirmi che era la persona migliore del mondo perché non ci credi neppure tu" dice Stefano.

"Lo so, lo so" fa Giorgia. "Ma io gli volevo bene, tanto bene."

I tre sono ai Fori Imperiali da dove è partita la maratona. Sono tornati con l'autoambulanza. Qui stanno arrivando i maratoneti.

L'altoparlante[loudspeaker] annuncia i tempi dei runner.

"Tre ore e trenta" rimbomba la voce dello speaker.

Tutti e tre lo hanno sentito: questo è il tempo che volevano fare, il record che voleva battere[to beat] Marco.

Un runner è appena arrivato. E' uno di quelli che è corso con loro. Vede Giorgia e Vincenzo e va da loro.

"Correvo con voi prima" dice. "Ho visto che uno è stato male. Non mi sono fermato, mi dispiace, ma volevo arrivare in fondo. Come sta?"

"E' morto."

"Morto!" esclama lui. "Oh, Dio. Non pensavo, non credevo..." L'uomo sembra desolato. "Che tragedia! Se avessi saputo..."

"Lascia stare" dice Stefano. "Non potevi comunque farci niente. E' stato un infarto."

"Un infarto? Strano. Gli avevo appena chiesto come si sentiva. Lui mi ha detto che stava bene. Anzi voleva aumentare il passo[to increase the pace]..."

"Davvero?" fa Giorgia.

"Sì, è poi improvvisamente si è fermato. Ma io ho pensato a un malore di un momento. A volte capita[it happens] durante una maratona. Anche l'altro runner ha pensato lo stesso probabilmente. Infatti non si è fermato."

"Quel tipo bruno che correva con voi?" domanda Stefano.

"Sì, esattamente."

"Già" dice Giorgia.

I maratoneti continuano ad arrivare e continueranno, fino al tempo massimo, fino alle sei ore. E invece Marco, il suo Marco non arriverà mai.

Lo hanno portato via. Dopo l'autopsia ci sarà il funerale, ma nella loro città, a Bergamo.

Giorgia, Stefano e Vincenzo prendono il treno per tornare a casa. Nessuno di loro si era immaginato così il ritorno dopo la maratona.

Non parlano. Giorgia guarda fuori dal finestrino del treno ad alta velocità, Stefano ha chiuso gli occhi, Vincenzo sembra immerso nei suoi pensieri.

"Dobbiamo dirlo a suo padre" dice improvvisamente.

"Lo sa già" fa Giorgia. "L'ho chiamato io."

"E lui?"

"E' distrutto[devastated]. Lui amava davvero Marco. E Marco era gentile e dolce con lui. E... ma lascia stare! Non voglio parlarne."

All'altoparlante annunciano che si può mangiare al ristorante del treno.

"Vuoi mangiare qualcosa?" chiede Stefano a Giorgia.

"No, grazie. Non ho fame" risponde lei.

"Magari un dolce o un pezzo di torta?" propone Vincenzo che però s'interrompe.

"Perché fai quella faccia?" gli chiede Stefano.

"Perché mi è venuta in mente[came to my mind] una cosa" risponde lui.

"Cioè?"

"Una cosa che ha detto Marco, quando si è accasciato[he collapsed] a terra. Era il nome di un dolce... era... babà o profiterole, no, era bignè!"

"Bignè?" domanda Giorgia stupita.

"Sì, è stata l'ultima cosa che ha detto Marco" conferma Vincenzo.

"L'ultima parola di Marco è stato il nome di un dolce? Ma sei sicuro?" chiede ancora la ragazza.

"Sì, piuttosto sicuro. Aspetta... c'era anche Stefano lì con me. Anche lui ha sentito."

"Stefano, Stefano..." lo chiama Vincenzo.

Stefano che stava dormendo si sveglia.

"Che c'è?" domanda.

"Ti ricordi cosa ha detto Marco prima di morire?" chiede Stefano.

"Niente."

"No, non è vero. Ha detto il nome di un dolce."

"Sì, adesso ricordo. Ha detto qualcosa come babà o pasticcino... no, ha detto..."

"Ha detto bignè!"

"Sì, giusto, bignè" fa Stefano.

"Che senso ha?" chiede Giorgia.

"Chi lo sa?" dice Stefano. "Già stava così male. Forse non era più in sé[he wasn't himself]."

"Forse" mormora Giorgia.

"Forse voleva un bignè?" si chiede. "Strano perché a lui i bignè non piacevano neppure. Marco mangiava soltanto dolci al cioccolato.

Come me."

"Ma voi vi conoscete da così tanto tempo?" domanda Vincenzo a Stefano. "Avete fatto la scuola insieme?"

"Le scuole elementari e le medie" risponde Stefano, "poi Giorgia e Marco sono andati al liceo, io invece ho fatto ragioneria."

CULTURA

Scuole

Giorgia e Stefano parlano delle scuole che hanno frequentato, delle scuole medie (middle school) e del liceo (high school).

In Italia l'istruzione comincia con cinque anni di scuola primaria (o elementare). A undici anni i ragazzi passano alla scuola media che dura tre anni.

Dopo il terzo anno di scuola media un esame (l'Esame di Terza Media) certifica che lo studente può accedere alla scuola secondaria o scuola superiore.

Le scuole superiori in Italia sono divise in: licei, istituti tecnici e istituti professionali. La Ragioneria è un istituto tecnico.

"Io e Marco siamo stati nella stessa classe per quattordici anni. Era un fratello per me" dice Giorgia. Una lacrima[tear] le scende lungo la guancia[cheek]. "Non riesco ad accettare l'idea che non ci sia più."

Stefano e Vincenzo rispettano il dolore di Giorgia, ma non lo condividono[share]. Nessuno dei due amava particolarmente Marco. Per Vincenzo era solo uno che vedeva nel parco. Correva qualche volta con lui, ma non aveva mai scambiato più di poche parole. Lo trovava un po' maleducato[rude, impolite], ma niente di più.

Stefano invece lo conosceva bene. Lo trovava odioso[hateful] quando erano a scuola insieme, lo trovava odioso come capo. Ma aveva continuato a lavorare con lui perché aveva bisogno di quel lavoro. Stefano aveva studiato scienze politiche all'università, ma dopo la laurea non aveva trovato niente. Un giorno aveva incontrato Giorgia per caso.

"Stiamo cercando un project manager per l'azienda" gli aveva detto lei.

"Stiamo chi?" aveva chiesto lui.

"Marco e io."

"State insieme adesso?"

"No, assolutamente no, siamo amici come sempre. Io sono il suo braccio destro all'azienda. Allora, cosa mi rispondi, non vorresti lavorare con noi? Tre amici insieme, sarebbe fantastico."

"Ma io non so niente dell'azienda" aveva detto Stefano.

"Non ti preoccupare. So che sei in gamba[smart], imparerai alla svelta."

E Stefano aveva accettato. "Speriamo che Marco sia cambiato" si era detto.

Ma Marco non era cambiato; era sempre la solita carogna. Diverse volte lo aveva umiliato[humiliated] davanti agli altri. E lui sopportava. Il lavoro gli piaceva, l'ambiente gli piaceva, la paga era buona… E poi c'era la crisi; trovare un altro lavoro era davvero difficile.

Stefano, che adesso è sveglio, suggerisce di andare a mangiare qualcosa.

"Ho già detto a Vincenzo che non ho fame" fa Giorgia.

"Invece devi mangiare qualcosa" insiste Stefano.

"No, grazie, davvero."

"Ok, come vuoi. Io vado. Tu Vincenzo?"

"Sì, io vengo con te."

Stefano e Vincenzo vanno al ristorante del treno.

"Giorgia sta veramente male" dice Vincenzo.

"Sì, lei voleva bene a quello stronzo" commenta Stefano.

Vincenzo non dice niente.

"Forse pensi che sono io lo stronzo che parlo male così di un morto" aggiunge Stefano. "Ma tu non lo conoscevi e ti assicuro se qualcuno meritava[deserved]…"

"Andiamo Stefano, non voglio sentire 'ste cose. Dopo tutto Marco era…" dice Vincenzo.

"Non dirmi che era un mio amico perché noi non siamo mai stati amici. Anzi… io l'ho sempre visto come un nemico[enemy]. Quando eravamo a scuola insieme mi ha fatto passare l'inferno[hell]."

"Era un bullo?" domanda Vincenzo.

"Era un superbullo e così è rimasto. Anche adesso sul lavoro, un autentico bastardo, te lo assicuro. Io non capisco come una come Giorgia, così dolce e carina, possa essergli tanto affezionata[fond of him]."

"Beh, sai com'è... Quando conosci qualcuno da tanto tempo..."

"Sì, forse. E comunque lui con lei era un altro uomo, tutto dolce e premuroso[caring]. E' sempre stato innamorato di Giorgia, credo."

"E adesso l'azienda?" domanda Stefano.

"Non lo so. So che Marco ha un fratello. Forse l'azienda la prenderà lui a questo punto" risponde Stefano.

"Un fratello minore o maggiore?"

"Minore. So che ha studiato negli Stati Uniti. Lavora per l'azienda, ma nella filiale[branch] più piccola, quella a Mantova."

CULTURA

Mantova

Mantova si trova nel Nord del Paese, in Lombardia, ed è considerata da molti una delle più belle città di Italia.

Città etrusca e poi romana, nel Medioevo diventa un comune.

Vive un momento di grande splendore nel Rinascimento sotto i Gonzaga.

Di questo periodo rimane, tra altri monumenti, il sontuoso palazzo Ducale che è una delle più grandi regge d'Italia.

Racchiude in sé circa 500 sale e stanze con numerose piazze, cortili e giardini interni.

"Tu lo conosci?" domanda Vincenzo.

"No, non l'ho mai visto. Mi hanno detto che è uno in gamba. Non so nient'altro. Sono sicuro che Giorgia lo sa. Giorgia sa tutto di Marco e della sua famiglia."

I due mangiano e poi tornano nel vagone da Giorgia. Mezz'ora e sono a Milano. Da qui prendono il treno per Bergamo.

Giorgia aveva pensato di arrivare a casa stanca, ma felice, invece ha la morte nel cuore.

1. Marco è morto di

A un infarto
B un colpo di pistola
C un colpo di calore

2. Stefano, Vincenzo e Giorgia stanno andando a

A Venezia
B Roma
C Bergamo

3. Stefano, Vincenzo e Giorgia sono su

A un treno
B un autobus
C un aereo

4. Il padre di Marco

A amava Marco
B odiava Marco
C non conosceva Marco

5. L'ultima parola di Marco era

A gelato
B bignè
C pasta

6. Giorgia ha incontrato Marco

A a scuola
B all'università
C al lavoro

7. Vincenzo _____ con Marco

A correva
B lavorava
C viaggiava

8. Secondo Stefano Marco era

A una brava persona
B molto ricco
C un bullo

9. Le sedi dell'azienda sono a

A Bergamo e Mantova
B Bergamo e Roma
C Roma e Mantova

10. Il fratello di Marco

A chiuderà l'azienda
B erediterà l'azienda
C venderà l'azienda

1 – a, 2 – c, 3 – a, 4 – a, 5 – b, 6 – b, 7 – a, 8 – c, 9 – a, 10 – b

Capitolo 3: Succo di fragola

Marco è morto per un infarto, ma l'infarto non era dovuto alla fatica della corsa, al cuore debole o a qualche causa di salute. Marco era sano come un pesce. Proprio come aveva detto Giorgia. L'infarto lo ha provocato uno shock anafilattico. E lo shock è a sua volta provocato dall'ingestione[ingestion] di fragole.

La polizia ha convocato Giorgia, Stefano e Vincenzo in commissariato.

"Fragole?" chiede Giorgia. "Com'è possibile? Marco sapeva di essere allergico alle fragole e non beveva neppure gli integratori[dietary supplements] ai rifornimenti. Non ci sono integratori a base di fragola, ma lui aveva paura. Anche delle quantità piccolissime, quelle che chiamano tracce, potevano fargli male."

"Dall'autopsia risulta che lui ha bevuto più che … tracce" dice il commissario.

"Cosa vuole dire?" chiede Stefano.

"Vuol dire che aveva una certa quantità di succo[juice] di fragole nello stomaco" spiega il commissario.

"Non è possibile" mormora Giorgia.

"E invece sì, è proprio così" ripete il poliziotto. E aggiunge:

"E' chiaro che il signor Marco Paolini ha ingerito il succo di fragole durante la maratona."

"L'unica spiegazione è che le ha bevute da una bottiglia. Però non sapeva che conteneva fragole" dice Giorgia.

"E' quello che pensate anche voi?" chiede il commissario a Stefano e a Vincenzo.

"Beh, sì, credo anch'io. So che Marco era allergico alle fragole" risponde Stefano. "Erano veleno[poison] per lui."

"Io non sapevo della sua allergia" dice Vincenzo. "Non conoscevo bene Marco. Per me era solo un compagno di corsa occasionale".

"Capisco" replica il commissario. E poi aggiunge:

"Adesso la domanda è questa: dove ha preso o chi gli ha dato il liquido con le fragole?"

"Come ho detto" spiega Giorgia "Marco non beveva integratori. Prendeva soltanto acqua ai rifornimenti. Ma può essersi sbagliato[could have made a mistake]. Cioè, quando si corre si è così stravolti[worn out] che è possibile che senza pensarci… Sì, magari ha preso una bottiglietta di integratore dal banchetto. Però anche in questo caso…"

"Anche in questo caso…?" chiede il commissario.

"Non ci sono molti integratori che contengono succo di fragola" dice Giorgia.

"Sì, è proprio così" conferma il poliziotto. "Ci sono pochi integratori che contengono succo di fragole e non ce n'erano per niente ai rifornimenti di questa maratona."

"E quindi?"

"E quindi, signorina questo vuol dire che, se non lo ha preso lui, glielo ha dato qualcuno."

"Ma nessuno aveva una bottiglietta con sé" dice Giorgia. "Tutti hanno preso acqua e integratori ai rifornimenti."

"Lei è proprio sicura di questo?" domanda il commissario.

"Sì, certo. Lei ha mai visto chi corre la maratona? In genere non portano bottiglie e neppure zaini[rucksacks] o borse con sé."

"Capisco. Quindi l'unica spiegazione è questa: chi ha dato la bottiglietta con il succo di fragole a Marco ha preso dal rifornimento una bottiglietta con il succo di fragole. Oppure, seconda possibilità, ha messo il succo il composto[compound], magari semplicemente con una pastiglietta[pill], dentro la bottiglietta presa al rifornimento."

"Come?" esclama Giorgia. "Questo vuol dire che Marco non è morto per un infarto, ma qualcuno lo ha…" Giorgia è così sconvolta[upset] che non riesce neppure a completare la frase. La completa il poliziotto:

"Ucciso, proprio così, signorina, qualcuno lo ha ucciso. E la domanda adesso è chi. Chi gli ha dato quella bottiglietta? Chi lo voleva morto?"

Giorgia non risponde. Scuote la testa perplessa[puzzled]. Come perplessi sono gli altri due, Stefano e Vincenzo.

"E voi signori, cosa mi dite?" chiede il commissario.

"Io sto cercando di capire cosa è successo esattamente" dice Vincenzo che finora non ha parlato. “Noi corriamo, stiamo in gruppo fino al trentesimo chilometro. Al rifornimento ci fermiamo tutti, anche Marco. Forse lui non prende la bottiglietta, qualcuno gliela passa.”

“Appunto, chi gliela passa? Ve lo ricordate?” domanda il poliziotto.

“No, io non lo ricordo” dice Giorgia. “Ero dietro. Davanti a me correvano Stefano e Vincenzo e ancora davanti correvano Marco e gli altri due. Non vedevo cosa succedeva. E sinceramente ero già così stanca che non ricordo neppure se ho bevuto io.”

“Quindi Marco correva davanti con due altre persone?” domanda il commissario.

“Sì, è così” risponde Vincenzo.

“E chi erano?” chiede ancora il poliziotto.

“Due che non conoscevamo” dice Vincenzo.

“E che il signor Paolini conosceva?” insiste il commissario.

“No, non credo. Neppure lui li conosceva” risponde Stefano.

“Se non li conoscevate, dubito[I doubt] che proprio loro abbiano dato la bottiglietta al signor Paolini” dice il poliziotto. “Chi ha ucciso il signor Paolini aveva una ragione, un movente[a motive] per ucciderlo."

Il poliziotto fissa lo sguardo su Stefano e Vincenzo.

“Rimanete soltanto voi, signori. Correvate dietro al signor Paolini, voi potevate dargli facilmente la bottiglietta.”

“Sì, forse potevamo, ma non lo abbiamo fatto” protesta Stefano.

“Voi sapevate che il signor Paolini aveva un’allergia alle fragole?” dice il commissario.

“No, io non lo sapevo” risponde Vincenzo. “Gliel’ho detto.”

“Lei invece lo sapeva, signor Villari?” dice il commissario rivolto a Stefano.

“Io… Lo sapevo, da quando eravamo a scuola insieme.”

“Anche lei lavorava con il signor Paolini” fa il poliziotto. “Se non sbaglio era il suo capo.”

“Sì, proprio così” risponde Stefano a voce così bassa che quasi non si sente. Giorgia nota che è diventato pallido[pale].

"Lei non penserà che Stefano..." interviene la ragazza. "Questo non è possibile."

Il poliziotto non risponde a Giorgia, invece chiede ancora a Stefano:

"Signor Villari, aspetto una sua dichiarazione."

"Dichiarazione?" protesta Stefano. "Io non ho niente da dichiarare. Io non ho fatto niente, io..."

"Com'erano i suoi rapporti con il signor Paolini?" insiste il commissario.

"I miei rapporti, i miei rapporti..." ripete lui che sembra alquanto[very] confuso, quasi in panico, "io e Marco, io... sì, insomma tutti forse sanno che non erano splendidi, però neanche che io..."

Il commissario lo guarda con severità.

"Adesso potete andare" dice. "Ma lei, signor Villari, non lasci la città. Noi dobbiamo ancora parlare."

Escono dal commissariato. Giorgia vorrebbe parlare con Stefano che però non si ferma.

"Vado a casa" dice.

"Non vuoi che noi..."

"No" fa lui. "Devo stare solo. Scusami, ma ho bisogno di stare da solo."

Due poliziotti vanno a fargli visita la mattina dopo. Hanno un mandato di perquisizione[search warrant]. Guardano dappertutto nell'appartamento, ma non trovano niente. Non contenti però, guardano anche nei sacchi di pattume[litter] che si trova nella strada fuori dal palazzo.

E' mattina presto e ancora non è passato il camion della spazzatura[garbage truck]. I poliziotti frugano[search] nei sacchi e trovano quello che cercavano: un sacchetto pieno di pastiglie di integratori. Sono integratori alla... fragola.

E così, ufficialmente, Stefano è accusato dell'omicidio di Marco Paolini, suo ex compagno di classe, suo capo, suo amico-nemico.

Quando vengono ad arrestarlo, Giorgia è con lui.

"Giorgia" le dice lui "non sono stato io. Te lo giuro[I swear]."

Giorgia non sa cosa credere. Sono successe troppe cose in troppo poco tempo.

Sa solo una cosa: se effettivamente Stefano ha ucciso il suo amico Marco non potrà mai perdonarlo[forgive him].

1. Marco ha bevuto succo

A d'arancia
B di fragola
C di mela

2. Il capitolo ha luogo

A in commissariato
B sul treno
C in macchina

3. Chi corre la maratona di solito

A prende acqua dai rifornimenti
B porta acqua da casa
C non beve acqua

4. Al rifornimento, correva in testa al gruppo

A Stefano
B Giorgia
C Vincenzo

5. Il giorno dopo, Stefano

A viene ucciso
B viene liberato
C viene arrestato

6. Nel pattume di Stefano

A non c'è nulla
B ci sono delle pillole di fragola
C c'è del cibo

7. Giorgia

A sa che Stefano ha ucciso Marco
B non sa cosa credere
C ha ucciso Marco

1 – b, 2 – a, 3 – a, 4 – a, 5 – c, 6 – b, 7 – b

Capitolo 4: Le foto

E' passato un mese. In queste settimane Giorgia è andata a trovare Stefano a San Vittore, il carcere[jail] che si trova nel centro di Milano. Sta malissimo, la sua vita è rovinata, continua a ripetere, e lui è innocente.

"Cento volte mi sono augurato[wished for] la morte di Marco, non posso negarlo" dice Stefano "ma ti giuro, ti giuro, Giorgia che non sono stato io."

"E quelle bottigliette d'integratore?" chiede lei.

"Quando sono tornato dal commissariato ho guardato in casa e ho visto che avevo almeno una decina di bottigliette d'integratore. Alcune erano alla fragola. Non lo sapevo neppure quando le ho comprate su internet. Mi ha preso il panico: 'Se la polizia viene a sapere che avevo dell'integratore alla fragola, sono fregato[screwed], mi sono detto. Perciò le ho buttate via tutte. Ma non l'ho fatto perché sono colpevole. Io non c'entro niente con la morte di Marco."

Giorgia gli crede, gli sembra sincero. Molti pensano che Giorgia sia una ragazza ingenua[naive] perché è buona e gentile. Così pensano che sia un po' oca[silly] perché è bella. Ma non è così: Giorgia non è ingenua e non è stupida. Al liceo era la più brava della classe, e si è laureata[graduated] con il massimo dei voti.

I suoi problemi non concernono lo studio e neppure il successo. Proprio perché è intelligente ha sempre raggiunto i suoi scopi[aims]. Piuttosto[rather] Giorgia ha sempre avuto problemi con le persone: ha difficoltà ad aprirsi, a far vedere la vera se stessa. Marco diceva di lei che era una camera segreta, sì, la chiamava così: la "mia Segretella", perché a Marco piacevano tanto i soprannomi[nicknames].

Quanto le manca Marco, Marco con tutti i suoi difetti! Duro e arrogante con gli altri forse, ma con lei dolce, comprensivo, sempre disponibile... Qual era il vero Marco, chi lo sa. Ancora dopo un mese Giorgia continua a pensarci. Così come continua a pensare all'omicidio.

Domani sera s'incontra con Vincenzo. Non lo conosce bene. E' semplicemente un compagno di corsa. L'ha chiamata ieri e ha detto che vuole parlarle.

"Forse possiamo aiutare Stefano" aggiunge.

Aiutare Stefano? Sì, se non è colpevole, lei vuole aiutarlo.

S'incontrano in un bar in uno dei bellissimi vicoli[lanes] medievali della città vecchia. Giorgia abita a Bergamo Bassa, ma ama Bergamo Alta per la sua atmosfera magica di un mondo che non c'è più.

Bergamo

Bergamo, una cittadina che si trova a circa 50 km da Milano, è divisa tra Bergamo Alta e Bergamo Bassa. Bergamo Alta, che si trova su una collina, è la città medievale. Bergamo Bassa invece è la parte moderna. A Bergamo Alta, circondata dalle mura medievali, regna l'atmosfera magica di altri tempi. Infatti questa parte della città ha mantenuto il suo profilo medievale e cinquecentesco con le sue stradine strette e silenziose e le belle piazze ricche di monumenti.

CULTURA

Vincenzo e Giorgia prendono un aperitivo insieme: lei un prosecco e lui un negroni.

Giorgia sorride quando vede arrivare la bevanda.

"Anche Marco prendeva sempre il negroni" dice. "Era il suo cocktail preferito."

"Eri affezionata a quel ragazzo, vero?" chiede Vincenzo.

"Sì, gli volevo molto bene."

"Io lo conoscevo poco però conosco bene Stefano e sono convinto che sia innocente. Ho ripensato cento volte alla maratona, a quegli ultimi minuti di corsa. Ho cercato di ricordare cosa è successo esattamente e mi è venuta in mente una cosa."

"Cosa?"

"Che la bottiglietta a Marco l'ha data uno di quelli che correva con noi."

"Ne sei sicuro?"

"Sì, e sai perché? Perché io non avevo preso l'integratore; avevo bevuto soltanto dell'acqua. Ho bevuto mentre camminavo. Poi però ho sentito che avevo bisogno anche dell'integratore. Non volevo tornare al rifornimento e perdere tempo, sai com'è quando si è in gara. E' stato allora che visto quel tizio[guy]. Quello che correva accanto a Marco, quello coi capelli neri. Teneva in mano una bottiglietta di integratore. Mi sono detto: 'Magari gli chiedo un sorso[a sip]', ma poi ho visto che lo ha offerto a Marco. Questo ha bevuto un sorso e poi lo ha buttato. Subito dopo è stato male."

"Hai detto questo alla polizia?"

"Certo che gliel'ho detto, ma quelli non mi credono."

"E perché?"

"Perché pensano che menta[that I lie] per scagionare[to clear] Stefano. Mi hanno chiesto se ho prove[evidence], ma che cavolo di prove dovrei avere, non ho fatto foto io o..."

"No aspetta, stai parlando di... foto?"

"Sì, perché?"

"Perché lungo il percorso della maratona fanno foto. Me n'è arrivata una casa ieri, ero al 28° chilometro. Sai, te le mandano a casa per fartele comprare e ..."

"Hai ragione."

"Chissà se c'è qualche foto di quel pezzo..." ipotizza Giorgia.

"Magari non ci sono foto proprio di quando Marco ha bevuto. Almeno però abbiamo la foto di chi ha dato la bottiglietta a Marco" conclude Stefano.

La sera stessa Giorgia scrive all'organizzazione, poi allo studio fotografico. Hanno scattato delle foto[taken some photos] al trentaduesimo chilometro? La risposta arriva dopo pochi minuti: "No, non c'era il fotografo al trentaduesimo chilometro. Uno dei loro fotografi però era al trentesimo." Giorgia si fa mandare tutte le foto e le visiona una per una. Finalmente trova quella del loro gruppo. Vede anche gli altri due runner: uno è quello che è venuto alla fine della corsa a parlare con loro, l'altro è un giovane alto con i capelli neri, alto, magro, il naso regolare, uno né brutto né bello. Un viso anonimo, un viso come tanti. Forse per quello a Giorgia ricorda qualcuno. Quando rivede Vincenzo due giorni dopo, gli porta le foto che si è fatta inviare.

"Guarda, mi sono fatta mandare le foto della maratona!" gli dice. "Tu conosci questo qui?" aggiunge indicando il giovane.

"No, però sono sicuro che è lui che ha dato la bottiglietta a Marco."

"Lo conosci?"

"Assolutamente no, mai visto prima."

"Io invece… la faccia mi è come familiare. Ma forse perché è una di quelle facce…"

"Quali facce?"

"Quelle comuni. Tratti regolari, naso diritto, capelli scuri…"

"Sì, hai ragione."

"Nelle foto si riesce a vedere il numero di pettorale?" chiede Stefano.

"No, purtroppo è coperto con una felpa[sweatshirt]. Non si capisce neppure se aveva il pettorale."

"Cavolo! Allora lo ha fatto apposta[on purpose]!"

"Forse sì, forse ha organizzato tutto. Ma porca miseria, chi è?" esclama Giorgia.

"Hai fatto vedere la foto agli amici di Marco?"

"Marco non aveva amici. A parte me. Però l'ho fatta vedere a tutti quelli del gruppo di corsa che frequentiamo. Ma nessuno lo ha mai visto. L'ho anche fatta vedere in azienda e neppure loro hanno riconosciuto nessuno."

"Accidenti, che mistero!"

"Già. Cosa dici se vado a parlare con la polizia? Forse loro hanno un modo per trovarlo?" propone la ragazza.

"Va' se vuoi. Secondo me però non possono fare molto più di quello che facciamo noi. E poi non ti crederanno come non hanno creduto a me. Penseranno che mentiamo per aiutare Stefano."

"Sì, hai ragione. Dobbiamo fare da soli" ammette Giorgia. "La prima cosa che posso fare è consultare la classifica[the ranking] finale della maratona di Roma. Dai, guardiamola insieme… " Giorgia tira fuori un piccolo computer portatile. I due giovani guardano nella classifica tutti i nomi degli uomini che sono arrivati dopo le tre ore e quindici, ma non trovano nessun nome familiare.

"Per ora non possiamo fare niente…" conclude Vincenzo.

“No, niente purtroppo” dice Giorgia.

Il giorno dopo Giorgia è al lavoro.

Dopo la morte di Marco, il fratello che si occupava di attività collaterali nell’azienda ha preso la guida[has become the boss]. E’ molto bravo, sembra, e gli impiegati[employees] lo amano.

E’ molto gentile anche con Giorgia. Prima di allora lei lo aveva visto a casa di Marco. Però questo era successo raramente perché lui aveva frequentato[attended] l’università negli Stati Uniti. Quando era tornato, due anni prima, aveva preso un piccolo appartamento a Bergamo. Non voleva vivere in famiglia, così le aveva detto Marco. Marco aveva anche detto che Luca non andava molto d’accordo con lui e neppure con il padre.

Marco diceva che Luca era “un pezzo di ghiaccio”. Aveva spiegato che quando era piccolo gli avevano diagnosticato la sindrome di Asberger.

“Era intelligentissimo, un genio in matematica” aveva detto Marco “ma si interessava soltanto di treni e aerei. Non aveva un amico. Non giocava con me, ma neppure con nessun altro bambino. Per me è una specie di sconosciuto[stranger]…”

Adesso che Giorgia ha conosciuto Luca però ha avuto un’impressione completamente diversa: non le sembra per niente una persona fredda e distaccata[detached]. Anzi… molto più dolce e affettuoso[loving] di Marco!

Giorgia, lavorando per lui, sta imparando a conoscerlo. Tanto più che lui parla spesso con lei. Le ha detto che è cambiato nel suo atteggiamento[attitude] verso la famiglia

“E comunque anche mio padre ha cambiato atteggiamento verso di me. Da quando è morto mio fratello è diventato più gentile. Forse perché gli sono rimasto solo io. Io so invece “ ha aggiunto “che tu andavi d’accordo con Marco.”

“Sì, andavo d’accordo con tuo fratello” ha risposto Giorgia.

“Eri l’unica” commenta lui. “Spero che andremo d’accordo anche noi due.”

Luca accompagna questa affermazione[statement] con un sorriso.

Giorgia è imbarazzata. Trova Luca simpatico e … attraente. Forse proprio per questo è imbarazzata. Luca è il suo capo; non può trovarlo attraente.

Questa sera c'è una specie di festa aziendale. L'ha organizzata Luca per "motivare" gli impiegati.

"Dopo la morte di Marco ho avuto un colloquio[interview] con ogni singolo impiegato" dice. "Però non ci siamo mai visti tutti insieme."

"Veramente è la prima volta che c'è una festa in questa azienda" commenta Giorgia. "Marco non aveva mai organizzato neppure la cena per il Natale."

"Bene, questa sarà la prima volta allora" dice Luca.

Alla festa ci sono tutti: i quattro operai che stanno nell'officina[machine shop], tutti gli impiegati, il magazziniere[warehouse-keeper] e la telefonista. Ci sono anche Giorgia e naturalmente Luca.

Su un tavolo ci sono pizzette, panini e pasticcini.

CULTURA

Pasticcini

I "pasticcini" sono piccoli dolcetti che possono essere di vario tipo: alla frutta, alla crema, al cioccolato.

Tipicamente italiani sono babà, i cannoncini, alla meringa.

Si mangiano solitamente dopo il pasto o anche di mattina o di pomeriggio con il caffè.

Giorgia prende un pasticcino al cioccolato.

"I bignè sono buonissimi" dice Luca. "Prendine uno!"

Giorgia prende un bignè.

"Bignè" mormora tra sé.

"Scusa?" fa Luca. "Cosa hai detto?"

"Ho detto bignè. Lo sai che è l'ultima parola che ha pronunciato tuo fratello?"

"Bignè? Ma anche senso ha?"

Giorgia non risponde. Quella parola, bignè, le risuona nella mente mind.

"Accidenti, ma sì, ma certo!" esclama Giorgia ad alta voce, così ad alta voce che tutti gli invitati si voltano verso di lei.

"Ma sì che cosa?" chiede Luca.

"Adesso forse capisco, forse… Scusa, Luca, devo andare."

"Andare dove?"

"A casa, devo controllare una cosa" dice Giorgia ed esce in tutta fretta in a great hurry.

Luca la segue con la sguardo.

"Quanto è carina" pensa. "Mi sarebbe piaciuto continuare la serata con lei… "

ESERCIZI

1. Stefano è

A morto
B in prigione
C a casa

2. Giorgia è

A ingenua e brutta
B ingenua e bella
C bella e intelligente

3. Giorgia e Vincenzo

A si incontrano in prigione
B si incontrano in un ristorante
C si incontrano in un bar

4. Vincenzo all'aperitivo beve

A un prosecco
B un Negroni
C una birra

5. Giorgia si fa mandare

A le foto della maratona
B delle foto di Marco
C il rapporto della polizia

6. Giorgia e Vincenzo consultano la classifica con

A un computer
B un tablet
C un telefono

7. Il nuovo capo dell'azienda

A è Vincenzo
B è Giorgia
C è Luca

8. Luca è ______ Marco

A più simpatico di
B meno simpatico di
C simpatico come

9. Giorgia trova Luca

A brutto
B bello
C vecchio

10. Giorgia lascia la festa

A per andare a lavorare
B per tornare a casa
C per andare a vedere Vincenzo

1 – b, 2 – c, 3 – c, 4 – b, 5 – a, 6 – a, 7 – c, 8 – a, 9 – b, 10 – b

Capitolo 5: Bignè

Giorgia è a casa. Da due anni abita da sola. I suoi genitori sono separati; sua madre si è risposata e suo padre abita in un'altra città. Il suo appartamento è piccolo (una camera da letto, un piccolo salotto, cucina e bagno) ma confortevole.

Appena arriva a casa va direttamente in camera da letto. Prende un album da uno dei cassetti[drawers]. E' un album di fotografie. Giorgia cerca delle fotografie specifiche, le fotografie dei suoi compagni di classe della scuola media.

Ne trova una sola, è la fotografia del gruppo classe. Nel gruppo c'è lei, ci sono anche Marco, Stefano, e lui... Bignè. Un ragazzo dalla testa grossa, piccolo, grasso.

Si chiamava Ugo Palazzi. Ugo era un nome che Marco trovava ridicolo. E non lo chiamava mai con il suo nome, ma sempre... Bignè. Perché lo trovava simile a un... bignè. "Piccolo e grasso come un bignè" diceva sempre.

Ugo... Giorgia si siede con la fotografia in mano sulla poltrona nel salotto.

A Giorgia faceva tenerezza[finding sth. cute], invece Marco lo odiava. Lo tormentava, lo picchiava[to beat], lo prendeva in giro[made fun of him]. Finché un giorno lei aveva detto "basta." Aveva litigato[quarrelled] con Marco e gli aveva detto di smetterla. Ma lui non l'aveva ascoltata. Non aveva smesso. Soltanto dopo tante liti e sgridate[scoldings] anche da parte di genitori e insegnanti, aveva smesso.

Erano gli ultimi mesi della scuola media.

L'ultimo giorno di scuola Giorgia e Marco stavano tornando a casa. Tornavano sempre a casa insieme. Ugo era in bicicletta. Era arrivato dietro di loro. Li aveva seguiti per un po'.

"Cosa cavolo vuoi, Ugo?" gli aveva chiesto Marco.

"Volevo solo dirti una cosa" aveva risposto lui.

Marco e Giorgia si erano fermati. Anche Ugo si era fermato. Aveva guardato diritto in faccia a Marco e aveva detto:

"Me la pagherai Marco. Io ti giuro che me la pagherai."

"Cosa cavolo stai dicendo, merda umana?" aveva gridato Marco furibondo[furious].

"Ti sto dicendo che tu pagherai con la tua vita per quello che hai fatto. L'anno prossimo, tra dieci, tra venti, quando sarà il momento, me la pagherai."

Marco era rimasto in silenzio per un secondo. Poi era scoppiato a ridere.

"Ma, per favore, non fare il buffone[don't be ridiculous]!" aveva esclamato lui.

Ugo non aveva aggiunto niente. Se n'era semplicemente andato.

"Deficiente" aveva detto ancora Marco.

Giorgia non aveva detto niente. Ma neppure lei allora aveva preso sul serio Ugo. Nessuno prendeva sul serio Ugo. Un ragazzo grasso, debole, una vittima.

Del resto nessuno lo aveva più visto da quel momento. Dopo la scuola media aveva scelto un istituto tecnico in un'altra parte della città. Era sparito[he disappeared].

Fino a quel giorno, il giorno della morte di Marco, il giorno della maratona. Giorgia prende la foto della maratona. Sì, è lui: gli occhi sono gli stessi, occhi scuri, profondi[deep].

"Per il resto è cambiato molto" pensa Giorgia. "Questo è un giovane magro e atletico, allora era in forte sovrappeso[overweight]."

Giorgia adesso è sicura: era lui che correva accanto a Marco, era lui che gli aveva dato la bottiglietta di integratori alla fragola, lui sapeva della sua allergia alle fragole. Del resto tutti lo sapevano nella loro classe alla scuola media.

Ugo un assassino? No, non è possibile.

"E perché te lo ricordi come era allora" si dice Giorgia "come un ragazzino cicciotto con gli occhi grandi e le guance rosse. Adesso è un uomo, un uomo che vuole, ha voluto vendicarsi[take revenge]. Ma... dopo tutto questo tempo? E' vero che dicono che la vendetta è un piatto che si gusta freddo[revenge is a dish best served cold], ma non è assurdo? Quindici anni sono tanti, un grosso pezzo di vita. Si frequentano altre scuole, si incontra altra gente, si comincia a lavorare... E tutto aiuta a dimenticare. Però forse lui, Ugo, non ha dimenticato."

Giorgia ha ancora in mano l'album di fotografie. Non sa cosa fare. Andare alla polizia? Sì, potrebbe. Ma ha solo ipotesi, non ha prove. Il commissario glielo ha detto: lui vuole prove.

"Forse dovrei parlare con qualcuno" si dice la ragazza. "Ma con chi? Vincenzo? Luca?"

Giorgia prende in mano il cellulare. Sta per fare il numero di Vincenzo quando vede l'ora: sono le undici e trenta.

"Sicuramente lo disturbo a quest'ora" pensa la ragazza. "Probabilmente dorme. Invece Luca è sveglio, è alla festa. Torno lì alla festa e gli parlo. Non riesco ad andare a dormire con questo peso[weight] sullo stomaco. E poi sono sicura che lui capirà. Dopo tutto Marco era suo fratello, e lui mi sembra una persona dolce e comprensiva[understanding]."

Quando Giorgia arriva alla festa stanno tagliando una grande torta. Molti invitati hanno i bicchieri pieni di spumante e stanno brindando[they're toasting] a qualcosa. Lei non beve e non brinda. Continua a pensare alla scoperta[discovery] terribile che ha fatto.

Luca la vede.

"Oh, bene, sono contenta che sei tornata. Allora..."

"Ho scoperto qualcosa di terribile, Luca. Devo assolutamente parlarti."

"Vieni con me" dice lui. Giorgia lo segue attraverso il salone della grande casa e su per le scale[stairs]. Entrano in una stanza.

"Qui possiamo parlare indisturbati" dice Luca.

Giorgia attacca senza esitazioni:

"Ho scoperto chi è l'assassino di Marco."

Luca impallidisce.

"L'assassino" ripete.

"Sì, è una persona del nostro passato."

Luca la guarda stupito.

"Cosa vuol dire del nostro passato?" domanda.

"Un nostro ex compagno di scuola. Si chiama Ugo. Non so se lo conosci. Eri nella nostra stessa scuola alle medie, ma quando noi eravamo in terza tu eri in seconda."

"Ugo, Ugo... un nome così lo ricorderei" dice Luca. "No, effettivamente non lo conosco. Ma chi è?"

"Alle scuole medie era in classe con me e Marco. E Marco lo tormentava. Sai che tuo fratello era un po'... bullo."

"Sì, lo so. Ma stai parlando della scuola media e di quindici anni fa. Allora eravate, eravamo dei ragazzini. Cosa ha che fare questo con la morte di Marco?"

"Quel ragazzo, Ugo... era lui il runner che correva vicino a Marco. Era lui che gli ha dato la bottiglietta" spiega Giorgia.

"Sei sicura?"

"Sì, è cambiato molto, ma sono sicura. E non solo... c'è anche la storia del bigné."

"Quale bignè?"

"Prima di morire, Marco ha detto bignè. Io mi sono chiesta per tutto questo tempo cosa volesse dire. Poi oggi alla festa improvvisamente l'ho capito: Marco aveva, forse troppo tardi, riconosciuto Ugo e lo aveva chiamato con il soprannome che un tempo gli aveva dato."

"Bignè?"

"Sì, bignè."

Luca scuote la testa.

"E' una storia assurda, Giorgia" dice.

"Lo so, ma credo che sia proprio lui l'assassino."

"Forse hai ragione, ma la cosa assurda è che dopo tanto tempo uno possa pensare a una vendetta..."

"Sì, anch'io l'ho pensato, però..."

In quel momento suona il cellulare. Luca guarda il numero.

"Mi cercano dalla festa" dice.

"Sì, scusami ti ho portato via ai tuoi invitati. "

"Non ti devi scusare" risponde lui dolce. "Mi fa sempre piacere stare con te, anche in una circostanza così... Ma adesso? Cosa vuoi fare adesso?"

"Non lo so. "

"Non puoi andare alla polizia. Non ti crederanno mai. "

"Sì, anch'io ci ho pensato."

"Allora cosa vuoi fare?"

"Voglio cercare Ugo, parlare con lui…" dice Giorgia.

"Scherzi? Se quell'uomo è un assassino può essere pericoloso."

"Non m'importa. Adesso che so, devo fare qualcosa."

"Vengo con te allora. Sai dove abita?"

"No, non so niente, ma adesso con internet si può scoprire tutto di tutti."

"Ok, allora fa' le tue ricerche e …"

Di nuovo suona il cellulare di Luca.

"Adesso devo proprio tornare alla festa. Vieni anche tu?" chiede lui.

"No, vado a casa. Sono stanca. Troppe emozioni per oggi."

Luca l'accompagna alla macchina e la saluta con un abbraccio[hug]. Giorgia sente il contatto con il corpo di lui. E' un contatto dolce e morbido[soft].

"Luca è adorabile" pensa mentre guida verso a casa "Ma adesso non posso pensare all'amore, adesso devo concentrarmi su Ugo."

1. Giorgia e Ugo

A hanno frequentato la stessa scuola
B hanno frequentato la stessa università
C hanno lavorato insieme

2. Ugo era

A piccolo e grasso
B alto e magro
C piccolo e magro

3. Giorgia ______ alla polizia

A va
B non va
C non può andare

4. Giorgia e Luca parlano

A da soli in una stanza
B davanti agli ospiti
C con Vincenzo

5. Giorgia decide di

A andare da Ugo da sola
B andare alla polizia
C andare da Ugo con Luca

6. Prima di tornare alla festa

A Giorgia uccide Luca
B Luca bacia Giorgia
C Luca abbraccia Giorgia

1 – a, 2 – a, 3 – c, 4 – a, 5 – a, 6 – c

Capitolo 6: Luca

Il giorno dopo è sabato. Ma Giorgia non resta a letto a lungo come fa di solito il sabato e la domenica. Si alza alle sette e mezzo e comincia la sua ricerca. Come aveva pensato, trova facilmente informazioni su Ugo su Facebook. Conosce i suoi gusti[tastes] in fatto di libri (Calvino e Umberto Eco), in fatto di film (ama i film di fantascienza), ma naturalmente non c'è il suo indirizzo. Riesce solo a scoprire che vive ancora a Bergamo; quello che invece riesce a recuperare[to find] sono il numero di telefono e l'indirizzo dei genitori di Ugo.

CULTURA

La letteratura italiana del Novecento

Forse non è molto conosciuta all'estero, ma la letteratura italiana nel Novecento è molto ricca, soprattutto di romanzi.

Luigi Pirandello (1867 –1936) scrive opere teatrali, romanzi e poesie. Nel 1934 è insignito del Premio Nobel per la letteratura. Scrive romanzi ("Il fu Mattia Pascal" del 1904) e opere teatrali ("Sei personaggi in cerca d'autore").

Italo Svevo (1861 –1928) nato a Trieste il suo vero nome è Aron Ettore Schmidt (tedesco!). Scrive romanzi, racconti e opere teatrali. Diventa amico di James Joyce, che conosce frequentando un corso di inglese. Il suo romanzo più famoso è "La coscienza di Zeno".

Italo Calvino (1923-1959) è considerato da molti lo scrittore italiano più importante della seconda metà del Novecento. Le sue opere sono nuove e originali, ricche di elementi fantastici e avventurosi, così i romanzi "Il Visconte Dimezzato", "Il Barone Rampante", e "Marcovaldo".

Umberto Eco (1932), autore del thriller best seller ambientato nel Medioevo, "Il nome della rosa", è uno scrittore e filosofo di fama internazionale. Oltre che romanzi, ha scritto saggi di linguistica, filosofia e semiotica.

Alle otto e trenta suona il cellulare di Giorgia. E' Luca.

"Sei mattiniero anche tu!" esclama lei.

"Beh, dopo quello che mi hai detto non sono riuscito quasi a dormire. Hai scoperto qualcosa?"

"Sì, è su Facebook, però non ho trovato il suo indirizzo. Ho trovato invece l'indirizzo dei genitori."

"Abitano qui a Bergamo?" domanda Luca.

"Sì, anche lui abita qui."

"Cosa vuoi fare adesso?"

"Andare a fare una visita ai genitori" risponde Giorgia.

"E dirgli cosa?"

"Qualcosa mi invento, non ti preoccupare!"

"Ok, ti passo a prendere tra, diciamo, tre quarti d'ora?"

"Perfetto."

Tre quarti d'ora dopo Giorgia esce di casa. Trova Luca ad aspettarla con la sua macchina sportiva.

"Caspita" pensa Giorgia. "Luca non è solo carino, dolce e premuroso-caring, è anche ricco..."

I genitori di Ugo abitano un po' fuori Bergamo in una villetta.

Giorgia bussa[knocks] alla porta. Va ad aprire una signora sui sessant'anni.

Giorgia si presenta come un'ex compagna di classe di Ugo.

"Si ricorda di me, signora?" dice la ragazza. "Andavo a scuola con Ugo... Mi chiamo Giorgia."

"Giorgia? Ma sì!" esclama la signora. "Giorgia, la bella Giorgia. Sa che mio figlio era innamorato di lei?"

"Ma io non lo sapevo!"

"Eh sì, forse non dovrei dirlo, ma eccome se era innamorato il mio Ugo! Allora però era un ragazzino, e cicciotto[a little fat] anche. Lo ha visto adesso?"

"Ecco, signora siamo qui proprio per quello" dice Giorgia. "Vorrei invitarlo all'incontro con la classe di quest'anno. Però non riesco a trovare il suo indirizzo."

"Glielo do subito, Giorgia. Anche se non so se verrà. Quando era alle medie Ugo non era felice. C'erano i bulli, gli hanno reso[made] la vita difficile. Pensi che anche dopo, per diversi anni, ha avuto problemi psicologici a causa dei bulli. Però è riuscito a finire la scuola. E adesso ha un buon lavoro. Lavora con il computer il mio Ugo ed è bravo, sa..."

Un fiume di parole la signora. Forse perché abita da sola, come lei stessa dice a Giorgia mentre scrive l'indirizzo su un foglietto:

"Non abita lontano da qui e ogni tanto viene anche a trovarmi. Mio marito se n'è andato qualche anno fa e io sono qui sola soletta... Ma ragazzi, non vi ho chiesto, volete un caffè?"

Giorgia e Luca rifiutano il caffè e riprendono la macchina per andare a casa di Ugo.

Abita in un palazzo di quattro piani. Il cognome è sul citofono[entry phone]. Giorgia preme il pulsante[button], ma non risponde nessuno.

"Tu credi che lavori?" chiede la ragazza.

"Il sabato? Non credo, però non so. Hai capito che lavoro fa?"

"No, la signora ha detto che lavora con il computer, ma è davvero poco preciso. Può essere un programmatore o un analista oppure magari semplicemente ripara computer."

"Sì, certo. E adesso cosa facciamo? Aspettiamo?"

"Qui fuori?" chiede Luca.

"Sì, e dove se no?"

"Vuoi dire che ci appostiamo e ..."

"E aspettiamo come dei detective privati" dice Giorgia.

"Ok."

I due vanno al bar che si trova davanti al palazzo. Bevono un cappuccino e mangiano una brioche. Chiacchierano intanto, senza però perdere d'occhio[lose sight of] il palazzo davanti. Giorgia è nervosa, Luca invece sembra più tranquillo.

Giorgia glielo fa notare.

"Cavolo" esclama. "Adesso potremmo vedere l'assassino di tuo fratello e sembri così tranquillo. Sai che ti invidio[I envy you]?"

"Io sono uno tranquillo di carattere" spiega Luca. "Non perdo quasi mai la calma."

"Diversamente da tuo fratello. Marco era uno che si arrabbiava[got angry] facilmente."

"Sì, lo so. Io e Marco eravamo davvero diversi. Solo un anno di differenza tra noi due, eppure non avevamo assolutamente niente in comune."

"Non andavate d'accordo, vero?" chiede Giorgia.

"No, non molto. Siamo cresciuti[we grew up] nella stessa casa, ma non ci siamo frequentati molto."

"Eccolo!" esclama improvvisamente Giorgia.

"Chi?"

"Ugo! Guarda quel ragazzo..."

"E' lui?" domanda Luca.

"Sì, no, oh no... non è lui. Non assomiglia[doesn't look like] per niente alla fotografia."

"Falso allarme quindi."

"Sì, falso allarme."

"Sono stanco di stare qui al bar" dice Luca. "Possiamo aspettare in macchina?"

"Sì, ok" approva Giorgia.

I due salgono in macchina. Passa il tempo: un'ora, due ore, due ore e mezzo...

"Senti, io non ce la faccio più" esclama Luca. "Sono le due passate. Ugo potrebbe essere via per il week-end, al mare, in montagna, in un'altra città. Potrebbe non farsi proprio vedere."

"In effetti..."

"Andiamo a casa, o magari a mangiare. Dopo pranzo torniamo qui."

"Al ristorante?"

"O a casa mia."

"A casa tua?" Giorgia sembra indecisa.

Luca ride.

"Cosa c'è? Hai paura del lupo[wolf] cattivo?"

"Intendi dire di te? No, cioè io…"

"Ascolta non è un invito tipo 'vieni da me a vedere la collezione di farfalle[butterflies]', è un invito tipo: mangiamo qualcosa insieme e chiacchieriamo."

Giorgia sorride.

"Non è perché non mi fido[I don't trust you], è che… " Indica la casa. "Io volevo... "

"E dai, Ugo non scappa. E' stato qui fino ad ora e starà qui. Metti che veramente sia lui l'assassino, tu credi che lui pensi che qualcuno lo sospetti? Sono passati quasi tre mesi dopo tutto."

"Hai ragione. Tre mesi, cavolo, tre mesi che Stefano è dentro e innocente" esclama Giorgia. "Sapevo che era innocente."

Giorgia si è di nuovo agitata.

"Sì, Stefano, poveretto" fa Luca. "Però anche per lui un giorno più un giorno meno… E comunque ti puoi dispiacere finché vuoi, ma non puoi fare niente, devi aspettare."

"Sto pensando invece di andare alla polizia" dice Giorgia.

"Con quali prove?"

Giorgia non risponde. Luca ha ragione.

"Ok, dai! Andiamo da te" dice infine.

Luca abita a Bergamo Alta. Il suo è un appartamento delizioso in una di quelle viette medievali che sembrano di altri tempi, i tempi di principi e principesse, di duchi e duchesse. E anche all'interno sembra quello di un nobiluomo.

Luca prepara per Giorgia quella che chiama una "pasta express" cioè spaghetti al pomodoro con olio extra vergine d'oliva.

"E' l'olio che viene dal nostro uliveto[olive tree grove]" dice.

"Avete un uliveto?" domanda Giorgia.

"Sì, uno piccolo in Toscana."

"Caspita! Marco non me ne ha mai parlato… La vostra famiglia è ricca, eh!" commenta Giorgia.

"Ricca è una parola grossa" replica Luca "diciamo benestante[well off]. E comunque quella proprietà[property] è nostra dall'inizio del Novecento. Ci abitavano i miei nonni."

"In Toscana dove?"

"Vicino a Lucca."

CULTURA

Lucca

E'una delle più importanti città d'arte d'Italia.

E' famosa in tutto il mondo, soprattutto per le sue mura che sono rimaste intatte nei secoli.

Queste mura risalgono al 15°-17° secolo. Sono lunghe poco più di 4 chilometri e vi si possono fare bellissime passeggiate.

"C'è anche una fattoria[farm]?" chiede Giorgia.

"No, però abbiamo due cavalli. Sai cavalcare[ride]?"

"Ho provato, sì. Me la cavo[I manage]."

"Quando vuoi, andiamo" propone Luca. "Sono sicura che ti piacerà. Mi hai detto che ti piacciono le cose antiche, l'atmosfera di altri tempi e lì è tutto antico, come qui a Bergamo Alta."

"Anche a te piacciono le cose antiche?"

"Sì, tanto" dice Luca. "Per questo mi mancava l'Italia quando ero negli Stati Uniti. Mi mancava tutto questo… odore di vecchio. Questo è il mio mondo."

"E perché stavi lì allora?"

"Ho studiato all'università. Hanno dei corsi straordinari."

"E quando sei tornato perché non ti sei messo con tuo fratello alla guida dell'azienda?"

"Perché io e Marco non potevamo guidare[to lead] un'azienda insieme. Siamo, cioè eravamo, troppo diversi, con idee diverse, con modi diversi... Sono sicuro che… " S'interrompe. "Senti, però non ho voglia di parlare di mio fratello. E' triste. Non vuoi mangiare un dessert fantastico? Ho un gelato artigianale che è la fine del mondo."

"Sì, grazie. Il gelato mi piace molto. E' il mio dessert preferito."

"Anche il mio."

Il pomeriggio continua sereno per i due.

Restano a casa di Luca per diverso tempo. Chiacchierano seduti sul divano, ridono e si divertono. Giorgia capisce sempre più chiaramente che sta bene con Luca, molto bene. Però non ha dimenticato che cosa devono fare!

"Sai che sono già le quattro?" domanda improvvisamente.

"E allora?"

"Non torniamo da Ugo?" domanda lei.

Luca si alza.

"Ok" dice rassegnato.

Stanno per uscire, quando Luca si volta verso di lei[turns towards her]. La guarda con intensità negli occhi. Prende le mani nelle sue.

"Sono stato bene" dice.

"Anch'io" risponde lei.

"Posso baciarti?"

Giorgia ride.

"Me lo chiedi?"

"Sì, perché non so se è il momento giusto" dice lui.

Giorgia sorride. E' un sì.

Luca la bacia sulla bocca. E' un bacio lungo e intenso. Restano per qualche secondo vicini a fissarsi[to stare at each other].

Poi Luca lascia la mano della ragazza.

"E' ora di andare, vero?" domanda.

"Sì, mi dispiace, ma questa cosa di Ugo, sai quanto io..."

"Lo so, lo so" la interrompe lui. "OK, andiamo."

Giorgia e Luca escono. Dieci minuti dopo sono davanti alla casa dove abita Ugo. Di nuovo Giorgia suona al citofono, di nuovo non risponde nessuno.

"Accidenti!" esclama. "Forse hai ragione, forse è via per il week-end."

"Già" fa Luca. "Vuoi aspettare?"

"No, credo di no. Torniamo domenica sera o lunedì, cosa dici?"

"Dico che è una buona idea. Vuoi andare a casa?"

"Hai qualche idea?" domanda Giorgia.

"Sì, possiamo fare qualcosa insieme se vuoi, andare al cinema, per esempio. C'è un vecchio film di Fellini."

CULTURA

Il cinema italiano

Il cinema italiano ha grandi nomi di attori, soprattutto degli anni cinquanta. Forse ne conosci alcuni come Alberto Sordi, Vittorio Gassman, Sofia Loren…

Tra i registi forse il più famoso è Federico Fellini (1920-1993) considerato uno dei più importanti registi di tutti i tempi. Fellini, come molti altri registi italiani, ha lavorato a Cinecittà a Roma, la "Hollywood italiana".

Giorgia non ci pensa due volte. Ha voglia di passare del tempo con Luca.

"Sì, va bene il cinema" dice.

Sono le nove di sera quando Luca la riaccompagna a casa. Giorgia si sente felice. Da tanto tempo non si sentiva così. Luca è un ragazzo così dolce e affascinante. E' vero che è il suo capo, ma chi se ne importa[who cares]!

Di sera a letto continua a pensare a lui. Si addormenta con l'immagine del suo volto[face] davanti, i suoi occhi verdi dallo sguardo caldo…

Giorgia si sveglia all'improvviso alle sei di mattina.

Quando guarda la sveglia ha un moto di disappunto[displeasure].

"Eh no, cavolo, perché mi sveglio così presto quando oggi posso dormire a lungo!" esclama.

Il suo secondo pensiero non è per Luca, ma per Ugo.

"Se non è andato via per il week-end, di mattina la domenica sarà a casa" mormora tra sé. "Posso andare da lui a quest'ora?" La risposta è immediata. No, a quest'ora no, se lo sveglio alle sei di mattina la domenica mi uccide..." Sorride a quella che sembra una battuta[joke], ma poi si rimprovera:

"Non sei spiritosa[witty], Giorgia."

Giorgia parla spesso da sola. Da quando se n'è andata di casa due anni fa ha preso quest'abitudine[habit].

"Comunque ho deciso. Vado da Ugo" si dice. "Aspetto un'oretta e alle otto sono da lui. Lascio stare Luca. Non posso e non voglio svegliarlo a quest'ora. E poi questa cosa con Ugo me la voglio sbrigare io[I want to deal with it]."

E' vero che Luca le ha detto che può essere pericoloso, che Ugo è un assassino, ma è sicura che il suo ex compagno di classe non le farà del male.

Otto e cinque minuti. Giorgia è fuori dal palazzo dove abita Ugo. Suona il citofono. Nessuna risposta. Suona di nuovo. Una voce assonnata[sleepy] risponde:

"Mamma?"

"No, sono Giorgia."

"Chi?"

"Giorgia Fanelli."

Nessuna risposta.

"Accidenti. Ha messo giù!" esclama Giorgia che suona di nuovo.

"Che cavolo vuoi?" domanda Ugo con tono sgarbato[rude].

"Aprimi, voglio parlarti!"

"E io non voglio parlare con te."

"Fammi entrare."

Qualche secondo di silenzio, poi un clic. La porta si apre.

"L'appartamento di Ugo deve essere al quarto piano" pensa Giorgia. "Il suo è l'ultimo nome sul citofono."

Sale le scale fino al quarto piano. Qui sul pianerottolo[landing] l'aspetta lui, Ugo. E' come lo ricorda dalla foto della maratona: di statura[height] media e magro, decisamente magro.

"Altro che bignè!" pensa Giorgia. "Adesso è un grissino."

Adesso che lo vede da vicino, Giorgia nota che i tratti del viso sono rimasti gli stessi: il naso diritto, gli occhi scuri, i capelli corti come li portava un tempo.

"Entra" la invita Ugo.

Giorgia è all'interno dell'appartamento che sembra molto piccolo. Sta in piedi nel corridoio e Ugo sta davanti a lei.

"Che cosa vuoi, Giorgia?"

Giorgia si è preparata il discorso, ma adesso è così nervosa che non riesce a parlare.

"Allora?" chiede Ugo. "Che cosa mi dovevi dire?"

"Ti ho visto alla maratona di Roma" dice infine Giorgia. "Quando hai ucciso... Marco."

Ugo diventa tutto rosso. Anche a scuola quando succedeva qualcosa diventava tutto rosso. Ed esclama: "Giorgia, che cazzo stai dicendo...?"

ESERCIZI

1. Su Facebook, Giorgia trova

A l'indirizzo di Ugo
B l'età di Ugo
C l'indirizzo dei genitori di Ugo

2. La madre di Ugo ha circa

A 80 anni
B 70 anni
C 60 anni

3. Mentre aspettano, Giorgia e Luca

A bevono un cappuccino
B bevono un tè
C mangiano dei biscotti

4. Giorgia e Luca mangiano

A a casa di Luca
B in un ristorante
C in un bar

5. Stefano resta in prigione

A per un anno
B per tre mesi
C per due settimane

6. Luca è andato in America

A per andarsene da suo fratello
B per studiare
C per lavorare

7. Giorgia e Luca si danno il primo bacio

A di mattina
B prima di pranzo
C dopo pranzo

8. Di sera, Giorgia e Luca

A vanno al cinema
B vanno al teatro
C vanno a casa

9. Ugo è

A grasso come prima
B un po' meno grasso di prima
C molto magro

1 – c, 2 – c, 3 – a, 4 – a, 5 – b, 6 – b, 7 – c, 8 – a, 9 – c

Capitolo 7: Stile americano

Alle undici, quando Luca chiama Giorgia, lei è a casa sua. Appena sente la sua voce Luca capisce che la ragazza ha qualcosa.

"Cosa succede?" domanda

"Succede che sono andata da Ugo" risponde Giorgia.

"Che cosa hai fatto?!" esclama Luca.

"Sono andata a casa di Ugo questa mattina."

"Giorgia, porca miseria, ti avevo detto che era pericoloso e che non dovevi… E cosa è successo? Cosa ti ha detto?"

"Mi ha detto un sacco di cose, Luca. All'inizio non voleva neppure che… Ma ascolta, perché non ci vediamo? Così ti racconto tutto per bene."

"Ok, ti vengo a prendere."

"No, non disturbarti! Vengo io da te" dice Giorgia.

"Va bene. Ti aspetto. Intanto ti preparo la colazione. Hai fatto colazione?" domanda Luca.

"No, ero troppo agitata."

Quando Giorgia arriva a casa di Luca, trova un tavolo apparecchiato-[laid] con tè, caffè, croissant freschi e una torta di cioccolato.

CULTURA

La colazione italiana

In Italia a colazione si beve caffè, tè, latte e si mangia qualcosa di dolce come brioche, biscotti, fette biscottate con marmellata. Molti fanno colazione al bar. E' una colazione in genere molto veloce. Caffè o cappuccino con brioche (chiamata anche "cornetto" in alcune regioni).

"Cavolo, la mia torta preferita!" esclama Giorgia.

"Lo so, mi hai detto che ti piace il cioccolato."

Giorgia contempla la tavola.

"Che bellezza! Luca sei un ragazzo d'oro. Da sposare."

"Sposami allora" dice lui.

Giorgia ride.

"Sono serio" fa Luca.

"Smettila, non scherzare! Ho cose importanti da dirti."

Luca ride a sua volta.

"Ok, racconta! Comunque la mia era una proposta seria."

Giorgia fa finta[pretends] di non aver sentito.

"Si vede che ha vissuto[lived] negli Stati Uniti" pensa. "Da quello che si vede nei film, tanti si sposano dopo poche settimane che si conoscono..."

Giorgia si siede. Beve il suo tè e tra un boccone[bite] e l'altro racconta quello che è successo con Ugo:

"All'inizio ha negato[denied]. Si è anche arrabbiato. 'Come ti permetti?' mi ha chiesto. 'Tu vieni qui, mi accusi, mi dici sono un assassino, eccetera.' Poi io gli ho detto che l'ho riconosciuto alla maratona, che l'ho visto dare l'integratore a Marco, che Marco ha detto il suo soprannome, bignè, prima di morire. 'Sono sicura che sei stato tu' gli ho detto. E lui allora non ha negato più."

"Ha ammesso che è stato lui?" domanda Luca.

"No, questo no. Però ha detto una frase tipo: 'Mettiamo che sia io l'assassino, Giorgia, tu pensi che sia così pazzo da andare alla polizia e costituirmi[to turn myself in]?' 'Non hai rimorsi?' ho chiesto io. 'Rimorsi?' ha fatto lui. 'Se io ho ucciso Marco, ho premeditato[planned] l'assassinio, giusto? Ci ho pensato a lungo... Non è qualcosa che è successo per un impulso. Quindi, no, il possibile assassino non ha nessun rimorso. 'Ma hanno accusato un altro al posto tuo. In prigione c'è un innocente!' ho detto io. 'Quello Stefano?' ha detto Ugo. 'Ma dai... non hanno prove, sicuramente lo assolveranno.' 'Assolutamente no' ho risposto io. 'Probabilmente invece lo condanneranno. Non hai letto i giornali? Hanno trovato prove contro di lui, diverse prove. Rischia di farsi venti, anche trent'anni di prigione!' A questo punto Ugo è stato zitto. 'Allora, non mi dici niente?' ho chiesto. E lui: 'Cosa devo dire?' 'Che vai alla polizia e confessi' ho risposto io. 'No, questo no. Posso fare altro però.' Io ho chiesto che cosa, ma lui non me lo ha voluto dire."

Giorgia beve un sorso di tè.

"E poi?" chiede Luca.

"Poi niente. Me ne sono andata, cioè mi ha invitato ad andarmene" dice Giorgia.

"Ah... Cosa credi che farà?" domanda Luca.

"Non lo so, non resta che aspettare."

"Sì, dobbiamo aspettare" dice Luca e poi aggiunge:

"Non dovevi andare da sola."

Giorgia non risponde.

"Poteva essere pericoloso" insiste Luca.

"Conosco Ugo. Non è un tipo pericoloso" replica Giorgia.

"Sì, così poco pericoloso che ha ucciso mio fratello!" esclama Luca.

"Quando era alle medie, era un ragazzo così dolce..." ricorda Giorgia.

"Evidentemente ha imparato a non esserlo, Giorgia. La gente cambia e quasi sempre cambia in peggio."

"No, non sono d'accordo. Perché sei così negativo?" dice la ragazza.

Luca ride.

"No, non sono negativo. Per esempio verso di te non sono negativo. Ti trovo splendida."

Luca l'abbraccia e la bacia.

"Adesso non mi hai chiesto il permesso" mormora Giorgia.

"No, adesso so che non ti dispiace."

"Dispiace? Mi piace un sacco..."

Luca la tiene stretta tra le braccia.

"Sai una cosa?" dice.

"No, cosa?"

"Mi sto innamorando..."

Giorgia non risponde.

"E tu? Cosa pensi di noi?"

"Non lo so, so solo che mi piaci molto, io sono una ... lenta."

"O forse sono io che sto andando troppo veloce."

"Stile americano?" domanda lei.

"Già, stile americano!" Luca la bacia ancora e questa volta il bacio è lungo e appassionato.

E' lunedì mattina. Giorgia ha passato la notte con Luca. Di mattina la luce invade la camera che si affaccia[overlooks] su uno di quei romantici vicoli[lanes] di Bergamo alta.

Giorgia apre la finestra. Anche Luca si alza. E' dietro di lei, la abbraccia.

"E' stato splendido" dice.

"Sì, bellissimo" dice Giorgia. Accarezza Luca con dolcezza. "Sei un uomo meraviglioso.

"E tu una donna fantastica… Mio Dio, quanto siamo sdolcinati[sugary]!"

Luca ride. Ha una risata timida, sommessa[hushed].

I due vanno al lavoro insieme.

"Oggi ho una serie di appuntamenti. Non ci vedremo" dice Luca. "Ci vediamo questa sera?"

"Sì, non so cosa fare con Ugo" dice Luca.

"Ugo? Non abbiamo detto che dobbiamo aspettare?"

"Sì, ok, però…"

"Però niente. Questa è un'ossessione, Giorgia."

"Sì, ma Stefano…"

"Ok, ascolta, facciamo così, se non succede niente fino a mercoledì, torniamo a casa sua."

"Siamo d'accordo?"

"D'accordo."

Luca dà un bacio leggero sulla guancia di Giorgia. "Ti amo" le sussurra.

Giorgia non risponde, ma mentre si avvia verso il suo ufficio, sente dentro di sé una gioia[happiness] che non ha mai provato prima.

"Anch'io ti amo" dice a bassa voce.

1. Luca ha preparato

A una piccola colazione
B una grande colazione
C un piccolo pranzo

2. Ugo _____ ucciso Marco

A ammette di avere
B non ammette di avere
C non è sicuro di avere

3. Giorgia _____ sposare Luca

A pensa che sia troppo presto per
B vuole
C non vuole

4. Luca pensa che la gente

A cambi spesso in peggio
B cambi spesso in meglio
C non cambi mai

5. La camera da letto si affaccia

A su una strada principale
B su un vicolo romantico
C su un lago

6. Giorgia e Luca vogliono

A andare subito a casa di Ugo
B aspettare fino a Mercoledì
C andare subito alla polizia

7. Giorgia _____ Luca

A si è innamorata di
B non si è ancora innamorata di
C non conosce

1 – b, 2 – b, 3 – a, 4 – a, 5 – b, 6 – b, 7 – a

Capitolo 8: Mercoledì

Giorgia fa come ha detto Luca: aspetta fino a mercoledì.

Mercoledì mattina vede Luca in ufficio.

"E' mercoledì" dice a Luca.

"Lo so."

"E' mercoledì e io non ho avuto notizie da Ugo. Tu mi avevi detto..."

"So che cosa ho detto. Oggi dopo il lavoro passiamo da lui, va bene?"

"Ok."

"Hai l'aria agitata" le fa osservare Luca.

"Sì, ho come un brutto presagio[omen]."

"Cioè?"

"Non lo so. Sento che le cose non andranno come dovrebbero."

"E come dovrebbero andare?" domanda Luca.

"Dovrebbero andare in modo che Stefano esca di prigione."

"Ugo ti aveva detto che non voleva andare alla polizia."

"Sì, però... " obbietta Giorgia.

In quel momento la segretaria di Luca si avvicina.

"Signor Paolini, ci sono i clienti dal Brasile. Dico di aspettare?"

"No, arrivo subito" risponde Luca. E poi rivolto a Giorgia:

"Allora dopo il lavoro... Andiamo a pranzo insieme?"

"Sì, va bene."

La segretaria sorride. Quando Luca si allontana, dice a Giorgia:

"Allora è vero quello che dicono. Voi due state insieme!"

Giorgia non risponde. Non le piace che al lavoro sappiano che lei e Luca si frequentano. Dopo tutto lui è il suo capo! Ma Luca non fa niente per nasconderlo[hide], quindi anche lei non può che accettare il fatto.

"Sì, stiamo insieme" conferma.

"Beh, congratulazioni. Lui è davvero carino, e non solo. Mi sembra davvero una brava persona. Niente a che fare con suo fratello…”

Giorgia non risponde. E la segretaria continua a parlare:

“So che tu eri amica di Marco e con me non era antipatico, ma qui la maggior parte lo considerava una carogna.”

“Lo so, aveva un carattere difficile” dice Giorgia. “Però a me manca.”

“Nonostante Luca?”

“Sì, mi manca.”

Giorgia è sincera. Le manca Marco. Le manca l’amico a cui raccontava tutto, di cui si fidava ciecamente[blindly].

Ancora una volta il suo pensiero va a Ugo.

“Deve pagare per quello che ha fatto” dice. “Forse non sono stata abbastanza decisa.”

Giorgia sta lavorando quando le suona il cellulare. Guarda il numero ma non lo riconosce. Risponde e sente la voce di… Stefano.

“Ciao Giorgia.”

“Stefano? Da dove chiami?”

“Sono fuori, Giorgia. Mi hanno rilasciato[they have released me]” la voce di Stefano suona trionfante.

“Davvero? Cosa… cosa è successo?

“Un tizio[fellow] ha confessato.”

“Un tizio, quale tizio? Ugo?”

“Sì, credo che il nome sia proprio quello: Ugo. Ha telefonato alla polizia e ha confessato.”

“Oh Dio, ti ringrazio. Quindi ha deciso di farlo…”

“Tu sai già tutto?” domanda Stefano stupito[surprised].

“Sì, ho scoperto che… Ma ascolta Stefano, se vuoi ci vediamo.”

“Sì, ok, però non oggi. Adesso sono appena arrivato a casa e sono… sono così sollevato[relieved]. E’ la fine di un incubo[nightmare], Giorgia.”

“Lo credo.”

“Ciao allora. Ti chiamo io.”

Giorgia è agitatissima. Esce dal suo ufficio e va in quello di Luca. Per fortuna i clienti sono appena usciti.

Gli riferisce[tells him] quello che ha saputo.

“Accidenti, Giorgia” esclama Luca. “Questa sì che è una notizia.”

“Vorrei andare alla polizia” dice Giorgia.

“Perché?”

“Per capire che cosa è successo esattamente. Ma forse è meglio che vieni anche tu. La polizia è più disposta[willing] a parlare con un parente.”

“Ho ancora un appuntamento nel pomeriggio” dice Luca. “Andiamo dopo che ho incontrato il cliente, ok?”

Sono le cinque e Giorgia e Luca sono al commissariato in centro a Bergamo. Subito Giorgia chiede se hanno arrestato il colpevole.

“No, purtroppo no” risponde il commissario. “Ci ha telefonato. Ha voluto parlare personalmente con me. Ha detto il suo nome. Ha detto: ‘Sono io il colpevole. Ho ucciso Marco Paolini, per quello che mi aveva fatto tanti anni fa. Non l’ho mai dimenticato. Vi arriverà una lettera scritta di mio pugno[in my own hand].’ “Si presenti immediatamente qui al commissariato” gli ho intimato[ordered] io. Ma lui ha riattaccato. In pochi minuti siamo riusciti a trovare il suo indirizzo e due macchine della volante[police] si sono recate[went] a casa sua per l’arresto, ma non abbiamo trovato nessuno. Forse ci telefonava da una stazione o dall’aeroporto. Stiamo ancora svolgendo delle ricerche. Se ha preso un volo però non lo ha fatto con la sua vera carta identità e con il suo vero nome. Nessun Ugo Palazzi ha preso un aereo ieri o oggi.”

“Quindi potrebbe essere ancora qui” suggerisce Giorgia.

“Sì, potrebbe, ma ne dubito” dice il commissario. “Abbiamo anche perquisito[searched] casa sua e abbiamo trovato una cosa che vi voglio far vedere.”

Il commissario si alza e parla con il poliziotto che sta in piedi alla porta. Questi esce e torna dopo qualche minuto con un sacchettino di plastica. Il commissario ne rovescia[to empty] il contenuto sul tavolo davanti a Giorgia e a Marco. E’ una catenina[necklace] d’argento con un ciondolo[pendant], sul ciondolo è incisa l’immagine di un porcellino.

“Ma è la catenina di Marco!” esclama Giorgia. “Gliel’avevo regalata io per il suo compleanno. Com'è possibile che…?" ammutolisce[falls silent] di colpo. "Vuol dire che, quando Marco è caduto durante la maratona, lui gliel'ha presa dal collo?" domanda Giorgia stupita.

"Sì, credo proprio che Marco sia così" risponde il commissario. "L'ha presa e tenuta come una specie di trofeo, una cosa che gli ricordava quello che aveva fatto. Alcuni assassini lo fanno. Guardarli li rende orgogliosi[proud]."

"Orgoglioso… Sì forse. Dopo tutto lui ha detto che non aveva rimorsi…"

A Giorgia si riempiono gli occhi di lacrime.

"Non è giusto che non paghi per quello che ha fatto" mormora.

Luca, che fino a quel momento non ha parlato, le prende la mano.

"Vedrai che lo troveranno, Giorgia, e allora pagherà" mormora alla ragazza.

Il commissario riprende il ciondolo e lo rimette nel sacchetto. Poi dice:

"Sì, lo prenderemo, signorina. Intanto comunque il suo amico Stefano è scagionato[cleared]."

"Sì, questo è importante" dice Giorgia. "Almeno un innocente non deve pagare per un delitto che non ha commesso."

Luca e Giorgia escono dal commissariato. E' buio[dark] adesso.

Luca propone a Giorgia di andare a mangiare qualcosa.

"No, non ho fame, scusa Luca, ma se vuoi vengo da te. Non voglio restare da sola stasera."

Luca le prende la mano.

"Puoi stare da me quando e quanto vuoi, mia cara" le dice.

"Grazie Luca."

Luca l'abbraccia.

Giorgia ha ancora un groppo[a lump] alla gola e gli occhi pieni di lacrime.

"Mi dispiace. Non sarò una grande compagnia stasera" dice.

"Non ti preoccupare. Anch'io non sono certo allegro[cheerful]. Però… quando sono con te non riesco a essere davvero triste. Solo già la tua presenza mi rende felice."

Giorgia sorride, ma il sorriso è mesto[sad] e malinconico.

"Anch'io sto bene quando sono con te, ma adesso tutto quello che era seppellito[buried] nel mio cuore, Marco, la sua morte, l'assassinio... tutto è riemerso[re-emerged] improvvisamente ed è doloroso[painful] come prima, forse anche più di prima. Spero solo che prendano Ugo."

"Sono sicuro che lo prenderanno" replica Luca. "Ma adesso andiamo a casa."

CULTURA

Il Pranzo

L'ora del pranzo va dalle dodici e mezza alla una e mezza.

Molti italiani che lavorano mangiano fuori casa con un panino o un piatto di pasta.

Quando però si pranza a casa allora il pranzo diventa un pasto sostanzioso: in genere con un primo piatto di pastasciutta (spaghetti, maccheroni con sugo o altro), un secondo a base di carne, pesce o uova con un contorno di verdura, poi la frutta e, per finire, il caffè. E a volte anche... il dolce.

Gli italiani bevono molta acqua, minerale frizzante o liscia. Alcuni bevono vino. Diversamente da altri paesi, pochi bevono birra.

1. Luca incontra dei clienti

A Inglesi
B Brasiliani
C Italiani

2. Marco manca

A a tutti
B a nessuno
C solo a Giorgia

3. Quando chiama Giorgia, Stefano

A ha confessato alla polizia
B è stato rilasciato
C è ancora in prigione

4. Giorgia va alla polizia

A da sola
B con Luca
C con Stefano

5. Giorgia pensa che la catenina

A sia sua
B sia di Luca
C sia stata di Marco

6 Lo pensa perchè la catenina

A ha un ciondolo particolare
B è di un colore particolare
C ha una forma particolare

7. Luca ______ Giorgia

A è arrabbiato con
B cerca di consolare
C non vuole vedere

8. Luca dice che ______ Ugo

A non sa se prenderanno
B è sicuro che non prenderanno
C è sicuro che prenderanno

ESERCIZI

1 – b, 2 – c, 3 – b, 4 – b, 5 – c, 6 – a, 7 – b, 8 – c

Capitolo 9: La catenina

E' passata la primavera e anche l'estate. E' venuto settembre. Un settembre pieno di sole, come è spesso in Italia. Un mese in cui tanti sposano proprio perché è un bel mese. Per molti, dopo le vacanze, è come l'inizio di un nuovo anno.

CULTURA

L'estate degli italiani

Molti italiani fanno le vacanze in agosto. La maggior parte va al mare, altri in montagna, altri ancora visitano città e paesi.

Pochi invece passano le loro vacanze in campagna.

Un tempo si facevano vacanze lunghe, che duravano tre settimane, un mese... Adesso invece, anche a causa della crisi, si tende a fare vacanze più brevi (una settimana, dieci giorni).

Per Giorgia è l'inizio di una nuova vita. Luca le ha chiesto di sposarla quindici giorni fa. Erano al mare in Toscana, in una casa di campagna vicino a Lucca. E' stata una proposta straromantica con dichiarazione d'amore e anello di fidanzamento[engagement ring]. Giorgia però ha esitato prima di rispondere. E' sicura di amare Luca, quello sì, ma le sembra troppo presto. Ma infine ha detto sì. E ha detto a se stessa:

"Dopo tutto io amo lui e lui ama me. Questa è l'unica cosa che conta."

E adesso è settembre e il matrimonio è tra una settimana.

Si poteva aspettare e organizzare una cerimonia in grande con cento invitati e più. Però a Giorgia non piace questo genere di matrimoni e a Luca la cosa è indifferente[he doesn't care]. In questo periodo, tra l'altro, sta lavorando tanto ed è spesso all'estero. Anche oggi è via, in Germania, fino al fine settimana.

Prima di partire ha detto a Giorgia:

"Facciamo come vuoi tu. Alla nostra cerimonia invitiamo solo qualche amico e i parenti stretti. Io cerco di sbrigare le faccende di lavorobusiness il più presto possibile. Poi, dopo il matrimonio, ci possiamo prendere quindici giorni e facciamo un viaggio di nozze[honeymoon] fantastico."

La settimana dopo Giorgia va a correre con Stefano.

Sono nel parco e stanno facendo un giro veloce. Non parlano perché stanno andando veloci e a tutt'e due manca il fiato[they're out of breath].

Stanno finendo il giro quando Giorgia dice improvvisamente:

"Tra una settimana mi sposo."

Stefano volge[turns] gli occhi verso di lei, la bocca semiaperta un po' per la fatica, un po' per la sorpresa…

"Cosa?" chiede. "Forse non ho capito bene."

"No, hai capito benissimo" fa Giorgia. "Mi sposo."

Due minuti di corsa e hanno finito il giro. Giorgia davanti e Stefano subito dietro di lei.

"Accidenti come vai!" esclama Stefano. "Sei diventata più veloce."

"Lo so, in vacanza in Toscana ho corso tanto."

"E ti sposi."

"Sì, mi sposo con Luca. Stefano, non sei contento?"

"Sì, certo che sono contento. Luca è un bravo ragazzo. Lo vedo in azienda. E' davvero bravo sia[both] negli affari e con la gente[people]."

Giorgia si è messa a fare stretching. Luca stai in piedi vicino a lei.

"Perché non parli?" chiede Giorgia. "Tu parli sempre."

"Sto pensando."

"A cosa?"

"A Marco. Alla sua morte. Accidenti, quel tizio, Ugo, non lo hanno più trovato!

No, probabilmente è scappato in un altro paese."

"Tu ci pensi mai?"

"Sì, purtroppo sì. Ma cerco di non pensarci perché l'idea che quello sia libero là fuori mi fa impazzire[makes me crazy]. Ogni tanto guardo quella catenina…"

"Quale catenina?"

"Quella che il commissario ha ridato a Luca, la catenina di Marco. Non ti avevo detto che l'avevano trovata a casa di Ugo?"

"No, non avevo voluto più sapere niente di quella storia" risponde Stefano. "Volevo solo stare in pace e ricominciare la mia vita. Per fortuna Luca mi ha ridato subito il mio lavoro. A proposito… Io non ti ho mai ringraziato veramente per quello che hai fatto, sai? Grazie a te adesso sono qui a correre e non in una cella di una prigione. Sei una ragazza fantastica."

Giorgia sorride.

"Se mi vuoi chiedere di sposarti, ti devo dire di no. Ho già accettato la proposta di un altro."

Stefano sorride a sua volta.

"Andiamo adesso" dice. "La mamma mi aspetta a cena."

"La mamma? Davvero?" Giorgia ride. "Stefano, sei proprio un mammone!"

Giorgia torna a casa a piedi perché casa sua è vicina al parco, Stefano invece si avvia alla macchina. Ha già aperto lo sportello[door] quando chiama Giorgia.

"Che c'è?" chiede la ragazza che è tutta sudata[sweaty] e non vede l'ora di[is looking forward to] tornare a casa.

"Mi è venuta in mente[mind] una cosa…" risponde Stefano. "Hai detto che Ugo aveva la catenina di Marco. Ma come mai l'aveva lui?"

"Secondo il commissario gliel'ha presa quando è caduto dopo aver bevuto l'integratore."

"Mmm, no, non è possibile" dice Stefano.

"Perché?"

"Perché quando Marco è caduto per terra, Ugo se n'era già andato. Marco è caduto, noi ce ne siamo accorti[we saw it] e siamo tornati indietro, ma Ugo non era lì."

Giorgia ricostruisce nella sua mente la scena.

"Sai che forse hai ragione?" dice. "In effetti, quando lui è caduto c'eravate solo voi, tu e Stefano. Ma allora come faceva Ugo ad avere la catenina?"

"Non lo so" replica Stefano.

"Forse è caduta per terra?"

"Sì, ma anche in quel caso. Ugo era già corso avanti. Non poteva essere lì per prenderla."

"Non capisco" dice Giorgia sempre più perplessa[puzzled].

"Neanch'io. Però credo che a questo punto non abbia importanza, no?" fa Stefano che aggiunge:

"Adesso devo proprio andare. La mamma attende[waits]."

Mentre Stefano sale in macchina, Giorgia si avvia camminando piano verso casa. Pensa a quello che Stefano le ha detto. Continua a tormentarla una domanda: Come faceva Ugo ad avere la catenina? Se non l'ha presa durante la maratona allora l'ha presa dopo la maratona. Forse dal cadavere? All'obitorio[morgue]? Sicuramente non al funerale perché lui non era al funerale. Giorgia non l'ha visto nel piccolo gruppo di amici e familiari. La risposta quindi può essere una sola: l'ha presa dal cadavere prima dell'autopsia o dopo l'autopsia.

"Ma Stefano ha ragione; in fondo non è importante!" esclama Giorgia che non ha perso l'abitudine di parlare da sola. "Ugo è il colpevole, lui ha confessato."

Tuttavia[however], sotto la doccia, Giorgia non riesce a smettere di pensare a quella catenina. Dove l'ha presa? Quando l'ha presa?

Finita la doccia, mentre beve un bicchiere di succo d'arancia, decide di scoprirlo.

"Va bene, non sarà importante, ma io voglio, devo sapere" si dice.

Si veste ed è pronta per uscire quando suona il telefono. E' Luca che la chiama dalla Germania.

"Ho solo pochi minuti, mi dispiace cara" le dice. "Volevo solo darti un bacio."

"Grazie, amore."

"Cosa c'è? Hai una voce strana."

"Sì, ma te lo dico quando torni..."

"E' importante?" La voce di Luca suona preoccupata.

"No, no, non ti preoccupare Luca."

"Sicura?"

"Sicura sicura."

"Allora ciao, tesoro. Ti amo."

"Anch'io."

Giorgia non ha voluto parlare con Luca della catenina perché sa che non sarebbe di nessuna utilità.

"E comunque lui è lontano e non mi può aiutare" dice tra sé.

Giorgia ha deciso di andare all'agenzia di pompe funebri[funeral parlour] che si è occupata di Marco.

Arriva davanti all'agenzia che sono quasi le sette.

"Speriamo che ci sia ancora qualcuno" pensa.

Suona il campanello alla porta a vetri. Un uomo viene ad aprirle. E' un uomo dall'aspetto distinto[distinguished], alto, con baffi[a moustache] grigi e una cravatta nera sottile sulla camicia bianca

"Siamo chiusi" dice. "Ma se è qualcosa d'urgente…"

"Forse si riferisce alla morte di qualcuno" si dice Giorgia e poi ad alta voce:

"Vorrei soltanto un'informazione. Sono qui per… Marco, Marco Paolini."

L'uomo aggrotta la fronte[frowns].

"Il signor Paolini? Lo abbiamo già seppellito. Più di sei mesi fa, credo. Un bel servizio fotografico, un funerale di grande classe. La famiglia è stata generosa."

"Voi fate delle foto, per caso?"

"Sì, la famiglia ha voluto un servizio del funerale" risponde l'uomo perplesso. "Per quelle foto però dovrebbe chiedere alla famiglia." E poi senza aspettare la risposta fa lui un'altra domanda: "Lei chi è, se posso chiedere?"

"Sono la fidanzata, o meglio, l'ex fidanzata di Marco" mente Giorgia prontamente.

"Ah, capisco. E vorrebbe delle foto ricordo?"

"Questo penserà che sono una maniaca. Forse è meglio che gli spiego" pensa Giorgia che racconta il più brevemente[briefly] possibile tutta la storia dell'assassinio e della catenina.

"Ah, capisco" dice lui con grande tranquillità. "Adesso ricordo di aver letto sul giornale questa vicenda[story] dell'ex compagno di classe... Affascinante devo dire... E quindi lei vorrebbe avere delle foto non del funerale, ma del ... cadavere."

"Sì, del cadavere" conferma Giorgia.

"Devo dire che in genere non ne facciamo. Sarebbe un po'... macabro, non crede?" l'uomo fa un sorrisetto.

"Che cavolo di senso dello humour!" si dice Giorgia.

"Però in questo caso è fortunata, davvero fortunata" continua l'uomo "perché abbiamo fatto delle foto di questo specifico cadavere per usarle come... modelli[samples]."

"Modelli?" esclama Giorgia stupita. "Di che?"

"Modelli per altri... funerali" spiega lui. "Per noi costituisce una specie di pubblicità, capisce?"

"No, non capisco."

"La truccatrice[make-up woman] ha fatto un lavoro splendido con lui. Oltre tutto era anche un gran bel ragazzo, no? La gente vede un cadavere così che non sembra neanche un cadavere e si rivolge a noi per..." L'uomo vede che Giorgia ha assunto un'espressione inorridita[horrified] e s'interrompe:

"Ma aspetti, gliele vado a prendere."

L'uomo torna dopo qualche minuto con le foto. Le mostra a Giorgia che vede chiaramente la catenina al collo di Marco.

"Aveva la catenina, sì, l'aveva" esclama la ragazza.

E poi tra sé.

"Ma questo cosa significa? Che Ugo è tornato e ha preso la catenina? Ma in quale occasione?" Poi domanda all'uomo:

"Qualcuno potrebbe essere tornato qui e aver preso la catenina?"

"No, assolutamente no" risponde lui. "Qui non entra nessuno."

"E allora com'è successo, secondo lei?" domanda Giorgia.

"Ah, non lo so. L'unico contatto che le persone hanno con il cadavere è in occasione della veglia funebre[wake]. Forse in quell'occasione qualcuno può avere preso la catenina."

Giorgia pensa alla veglia funebre. Lei c'era e pochi altri con lei. Il padre di Marco, Luca, qualche altro parente di Marco, una zia, dei cugini e infine Stefano e Vincenzo. Tutti erano rimasti poco tempo, ma anche in quel poco tempo qualcuno aveva preso la catenina. Ma chi e perché?

"Chi e perché?" ripete Giorgia ad alta voce.

"Come, signorina?"

"Niente niente" fa lei. "La ringrazio, è stato molto gentile."

"Prego" risponde l'uomo tutto compunto[serious, stiff]. "L'accompagno alla porta." E qui la saluta con un:

"Non si dimentichi di noi quando ci sarà l'occasione."

"Brrr… che occasione?" si chiede Giorgia. "Quello sta parlando di morte, sicuro come l'oro!"

Giorgia decide di non tornare a casa. Questa storia della catenina la tormenta.

"Chi può sapere?" si chiede. "Chi era presente alla veglia? Luca, Stefano e Vincenzo, ma loro sicuramente non hanno preso la catenina e forse non sono stati presenti per tutto il tempo. Sicuramente una persona è stata presente per tutta la veglia: il padre di Marco. Da diverso tempo mi chiede di andare a trovarlo. Questa può essere l'occasione."

Giorgia telefona a casa di Marco. Le risponde la signora Anna, la domestica[housemaid], che le passa il padre di Marco.

"Vieni, vieni pure Giorgia" dice lui. "Mi fa tanto piacere."

Giorgia conosce bene la casa di Marco, c'è stata tante volte. Eppure[nevertheless] ogni volta che vi entra non può che[she can't help but] ammirare la sala sontuosa, i bei quadri d'autore appesi alle pareti, i preziosi mobili antichi.

Il padre di Marco l'aspetta in salotto, seduto su una delle grandi poltrone stile liberty.

"Anna porta il tè adesso" dice. "Ti piace ancora il tè, vero Giorgia? "

"Sì, mi piace ancora, grazie signor Paolini."

"Oh non chiamarmi così per favore, Giorgia! Presto diventeremo parenti stretti. Me lo sono sempre augurato[I've always wished for it], sai, perché mi piaci molto. Mi sei sempre piaciuta molto. Però pensavo che avresti sposato Marco."

"Io gli volevo molto bene, però non l'ho mai visto come marito. Eravamo amici, grandi amici."

"Lo so, lo so, e comunque adesso sono contento che tu stia con Luca. Sai… Luca e io… lui è mio figlio e io gli voglio bene, ma con lui non c'è mai stata quell'intesa[understanding] che avevo con Marco. Forse non l'ho mai capito. E sono contento che adesso ci sia tu nella sua vita…"

"Sì, sono contenta anch'io" dice Giorgia.

Segue qualche secondo di silenzio.

"Cosa c'è, Giorgia? Ti vedo pensierosa[thoughtful]…"

"Sì, c'è qualcosa che continuo a domandarmi. Sembra una stupidata però…"

"Qualcosa, di che tipo?"

"Una cosa che riguarda la morte di Marco. Si ricorda che avevo regalato a Marco una catenina d'argento che lui portava sempre? Aveva un ciondolo che rappresentava un porcellino."

"Ma sì, certo che lo ricordo. L'aveva al collo alla veglia funebre. Mi ricordo bene perché Luca l'ha notata. 'Quella è la catenina che Giorgia ha regalato a Marco, vero?' mi ha detto. E io gli ho risposto che era proprio così, che tu e Marco eravate grandi amici e che tu sapevi che lui amava i maialini. Poi Luca ha preso la catenina."

"Ha preso la catenina dal collo di Marco?" chiede Giorgia.

"Sì, ha detto che la voleva vedere. Ma senz'altro l'ha rimessa al collo del fratello."

"Quindi l'ha rimessa nella bara" dice Giorgia.

"Sì, credo di sì."

"Ma lei l'ha visto?" insiste Giorgia.

"No, non l'ho visto. Ma perché tutte queste domande su quella catenina, Giorgia? Ha forse un qualche significato particolare? Forse la volevi indietro tu?"

"No, io… no, è veramente complicato, signor Paolini." Giorgia si accorge[realises] che le trema la voce. Cerca di darsi un contegno[to show dignity] bevendo un sorso di tè.

"Sembri strana Giorgia, c'è qualcosa che non va?" chiede l'uomo.

"No, veramente… Ho un improvviso mal di pancia. Forse… il ciclo."

Giorgia si alza di scatto.

"Non vuoi un biscottino? Questi sono i biscottini della signora Anna, sono veramente buoni."

"Sì, lo so, signor Paolini. Sono davvero squisiti" dice Giorgia. "Li ho già assaggiati[I've already tasted them]. Mi dispiace però adesso devo andare, mi sento davvero poco bene. Vado subito a casa e mi metto a letto." E poi parlando in fretta aggiunge:

"Esco da sola, lei resti qui seduto tranquillo. Grazie, grazie ancora…"

L'uomo la guarda sbalordito[in amazement] mentre lei attraversa il salone a passo veloce.

"E' successo qualcosa, ma non ho capito cosa" mormora tra sé.

1. Luca e Giorgia si sposano

A in Aprile
B a Settembre
C in Novembre

2. Giorgia vuole un matrimonio

A con pochi invitati
B senza invitati
C con tanti invitati

3. Stefano è ______ che Giorgia si sposi

A contento
B triste
C arrabbiato

4. Stefano adesso

A è disoccupato
B lavora per un'altra azienda
C lavora per Luca

5. Dopo aver fatto la doccia, Giorgia beve un

A bicchiere d'acqua
B bicchiere di succo d'arancia
C calice di vino

6. Giorgia parla al telefono con

A Luca
B Stefano
C Ugo

7. L'azienda di pompe funebri ha fatto delle foto del cadavere per

A la polizia
B della pubblicità
C i parenti

8. Quando sente la descrizione del cadavere, Giorgia

A è inorridita
B è triste
C si arrabbia

9. Durante il funerale, la catenina

A era sul corpo di Marco
B era nella borsa di Giorgia
C era nelle tasche di Luca

10. La casa di Marco è

A grande e sontuosa
B grande ma spoglia
C piccola e brutta

11. La domestica del padre di Marco si chiama

A Maria
B Giorgia
C Anna

12. Il padre di Marco si è sempre augurato che Giorgia

A non si sposasse
B sposasse Stefano
C sposasse Marco

1 – b, 2 – a, 3 – a, 4 – c, 5 – b, 6 – a, 7 – b, 8 – a, 9 – a, 10 – a, 11 – c, 12 – c

Capitolo 10: Giacche e computer

Giorgia è seduta in macchina e riflette. Si accorge che il cuore le batte forte. Si mette la mano sul petto[chest] e cerca di respirare profondamente.

"Cerca di calmarti!" si dice. "Anche se Luca ha preso la catenina, questo non significa niente. Deve esserci una spiegazione, una spiegazione plausibile[logical]. Devo parlare con lui, devo assolutamente parlare con lui al più presto."

Telefona a Luca. Fa suonare il cellulare diverse volte.

"Deve essere con i suoi clienti e non risponde" pensa. Ma insiste.

Finalmente Luca risponde. Sembra seccato[annoyed].

"Scusa Giorgia, adesso non posso parlare. Sono nel mezzo di una cena con i clienti americani."

"Sì, immagino, scusa tanto, ma è urgente."

"Urgente? E' successo qualcosa?" domanda Luca con voce preoccupata.

"Sì, devo assolutamente parlarti. Quanto torni?"

"Stasera. Prendo l'aereo alle dieci, ma sarò a Bergamo non prima di mezzanotte, a casa alla una. Se vuoi vengo direttamente da te."

"Hai le chiavi di casa mia, no?"

"Sì, ho le chiavi, ti aspetto da te" risponde Giorgia.

"Scusa, adesso devo andare veramente. Un bacio, amore..."

Adesso che Giorgia ha sentito la voce dolce di Luca è più tranquilla.

"Sicuramente ha una spiegazione per la storia della catenina" ripete tra sé.

Va all'appartamento di Luca. Qui ha tenuto un cambio di vestiti. E' una specie di seconda casa per lei. Del resto è molto più grande e più bella del suo appartamento. Ha abitato per diverso tempo da sola Giorgia e si chiede come sarà vivere con un'altra persona.

"Non è un'altra persona" si dice a voce alta mentre lava l'insalata "è l'uomo che ami, sciocchina!"

Mangia l'insalata e qualche cracker davanti al televisore. C'è una fiction italiana con Gabriel Garko, una storia drammatica d'amore e di morte che parla di mafia.

Le fiction italiane

Sono serie televisive (TV shows) che, diversamente da quelle americane o inglesi, possono durare a puntata anche un'ora e più.

Tra le serie italiane più famose degli ultimi tempi: "Il commissario Montalbano" dai romanzi gialli di Camilleri e "L'onore e il rispetto" con Gabriel Garko.

CULTURA

Alle undici Giorgia, che è abituata a dormire a lungo, si sente stanca. Per tenersi sveglia si appostasits al computer che si trova nello studio di Luca. Le piace quel computer perché ha uno schermo^screen enorme. Luca l'ha comprato l'anno scorso nelle vacanze estive. Il computer non si accende.

"Accidenti! Ma che cos'ha?" esclama lei che non è molto esperta. Guarda a lato dello schermo per vedere se per caso c'è qualche pulsante^button che non ha visto. No, no c'è niente. Però c'è un sottile adesivo^post-it dove c'è il nome della marca^brand del computer e sotto, in carattere piccolo, il nome del negozio dove Luca l'ha comprato: Compushop. "Compushop" ripete Giorgia. "Perché questo nome mi è familiare?" "Compushop" ripete. Ma sì, quel nome lo ha sentito al commissariato! E' il nome del negozio in cui lavorava Ugo. Una coincidenza? Giorgia ricorda una frase che ha letto da qualche parte: le coincidenze non esistono. Forse l'ha detto Freud. Ma che ne sapeva Freud di delitticrimes e di assassini?

"Oh Dio, non è vero. Sto seriamente pensando che Luca c'entri qualcosa^has something to do con la morte di Marco. E' quello che sto pensando. Ma non è vero, non può essere vero..."

Giorgia si guarda intorno nello studio di Luca. La scrivania ha dei cassetti. Sono tutti aperti: sfoglia i raccoglitori^folders, legge documenti, apre l'armadio a muro e guarda dentro. L'armadio di Luca è pieno di giacche e accanto alle giacche sono appesi tre cappotti^overcoats. Luca è uno che tiene molto all'abbigliamento. E' sempre vestito con grande stile. Giorgia fruga^searches nelle tasche delle giacche e dei cappotti, uno per uno. Non trova niente, Luca è troppo ordinato per lasciare cose nelle tasche.

In quel momento Giorgia sente aprire la porta. Guarda l'orologio.

"Porca miseria, sono già le dodici e mezza!" esclama.

Sente Luca che la chiama:

"Giorgia, Giorgia tesoro, dove sei?"

Giorgia esce dalla camera da letto.

"Mi sono sdraiata[I lay down] un attimo" dice. "Ero stanca."

"Lo credo. Tu in genere vai a letto molto presto."

"Com'è andato il viaggio?" domanda la ragazza.

"Bene, tutto bene. L'aereo è arrivato in anticipo, a quest'ora non viaggia molta gente..."

"Vuoi mangiare qualcosa?" chiede lei.

"No, ho già mangiato in aereo, grazie. Invece... dimmi!, cos'è questa cosa urgente di cui mi volevi parlare?"

Giorgia è terribilmente imbarazzata. Come parlargli dei suoi sospetti? Esita, lui la esorta[urges] e lei infine riesce a parlare anche se con tanti "cioè" e " quindi", con tante interruzioni e pause, infine riesce a dire quello che deve dirgli.

E la reazione di Luca non è quella che si aspettava. La reazione di Luca è un... sorriso.

Giorgia è sbalordita. Si aspettava irritazione, delusione[disappointment], forse anche rabbia, ma non un sorriso!

Luca si alza e va nella sua camera. Torna dopo meno di un minuto. Tiene in mano qualcosa. La mette nella mano di Giorgia.

"Luca, ma questa è ... la catenina!" esclama lei.

"Una delle due catenine! Io non ho preso la catenina dal collo di Marco. Questa è la mia catenina."

"Uguale a[the same as] quella di Marco?" chiede Giorgia stupita.

"Quando gliel'hai regalata tre anni fa l'ho vista e mi è piaciuta. Per questo gli ho chiesto di farmi fare una copia del ciondolo. Sai che anch'io ho la passione per i maialini?

"No, non me lo avevi detto."

"Adesso lo sai."

"E allora tu non hai preso la catenina dal collo di Marco!"

"Assolutamente no."

"E allora chi l'ha presa?" chiede Giorgia.

"Ugo suppongo."

"Ma quando?"

"Durante la veglia funebre, credo. Quando se no?"

"Ma non c'era alla veglia funebre!" esclama Giorgia.

"Come fai a saperlo?" chiede Luca. "Sai che la veglia funebre va avanti per tutta la notte? La camera mortuaria[funeral parlour] è aperta."

"Davvero? L'uomo delle pompe funebri non me lo ha detto."

"Forse pensava che lo sapessi."

"Accidenti..."

Luca riprende la catenina dalla mano di Giorgia.

"Oh Dio, scusami Luca, scusami tanto. Io so che non dovevo... Io... devi sapere che questo non ha niente a che fare con l'amore che provo per te."

"So che mi ami. Ma evidentemente non ti fidi di me" dice lui.

"Io... io... non so cosa mi ha preso[what got into me]. Io... il fatto è che ho visto..." Giorgia vorrebbe parlare dell'adesivo che hai visto sul retro-back del computer, ma non ne ha il coraggio."

"Se gli dico anche questo Luca si arrabbia davvero. Avanti, Giorgia, dimentichiamoci questa storia" pensa la ragazza. "Cerca piuttosto[rather] di farti perdonare."

E poi ad alta voce: "Scusa Luca, dimentica questa storia. Ti prego."

Lui le si avvicina e la bacia.

"Già dimenticato. Ma adesso andiamo a letto perché sono stanco morto."

"Anch'io."

Si addormentano abbracciati l'uno all'altra.

ESERCIZI

1. La casa di Luca è

A più grande della casa di Giorgia
B grande come la casa di Giorgia
C più piccola della casa di Giorgia

2. Giorgia mangia

A davanti al computer
B davanti alla televisione
C accanto al telefono

3. Giorgia va nell'ufficio di Luca per

A dormire
B usare il computer
C cercare delle prove

4. Luca di solito si veste

A molto male
B in modo piuttosto formale
C in modo informale

5. Luca torna

A alle 23
B all'una
C a mezzanotte e mezza

6. Luca ha

A preso la catenina di Marco
B una catenina uguale a quella di Marco
C tre catenine uguali a quella di Marco

7. Luca pensa che Giorgia

A non lo ami
B lo ami, ma non si fidi di lui
C lo ami e si fidi di lui

8. Giorgia non parla dell'adesivo sul computer perchè

A pensa che Luca si possa arrabbiare
B pensa che Luca possa non capirla
C pensa che Luca possa ucciderla

9. Alla fine del capitolo, Luca

A perdona Giorgia
B non perdona Giorgia
C lascia Giorgia

1 – a, 2 – b, 3 – c, 4 – b, 5 – c, 6 – b, 7 – b, 8 – a, 9 – a

Capitolo 11: Sospetti

E' venerdì pomeriggio e Giorgia si è trovata con Stefano al parco per correre come ogni venerdì.

"Domani ti sposi, incredibile..." dice Stefano. "La gente prima del matrimonio è sempre presa[busy] con la scelta del vestito, del ristorante, degli invitati..."

CULTURA

Il matrimonio in Italia

Come ci si sposa in Italia? Ancora tanti si sposano in chiesa.

Molte donne indossano il tradizionale abito bianco, l'uomo un completo elegante.

In genere la cerimonia avviene di mattina, poi si mangia al ristorante insieme ad amici e parenti.

"Sai che abbiamo tenuto tutto al minimo" risponde Giorgia. "Pochi invitati, cerimonia semplice... Solo il viaggio di nozze sarà fantastico, tipo giro del mondo in trenta giorni!"

"Sei pronta per i soliti due giri di corsa?" chiede Stefano.

"Oggi vorrei farne uno e mezzo, se non ti dispiace Stefano. Sono un po' stanca."

"Ma certo. Questa sera esci con le tue amiche? Fai la festa di nubilato?"

"No, non mi piacciono quelle cose. E poi io non ho amiche. Ne avevo all'università, due, poi ci siamo perse di vista. I miei amici siete tu e Marco. Ho perso lui e..."

"E ti sono rimasto io" dice Stefano. "E Luca, naturalmente."

"Luca non è un amico. È il mio futuro marito" fa notare Giorgia che accelera il passo.

"Ehi, che cavolo... Sei stanca stasera, ma vai come un treno. E poi sei... strana. C'è qualcosa che non va?"

"No, perché?"

"Non sei felice?" chiede Stefano.

"Felice, certo che sono felice."

"Eppure sento che c'è qualcosa..." Stefano rallenta il passo.

"Abbiamo finito il giro" dice Giorgia "ti va di camminare un po'? "

"Sì, va bene, anzi benissimo."

Giorgia e Stefano adesso camminano lungo il sentiero.

"Tu conosci Dürrenmatt?" chiede Giorgia.

"Dürrenmatt lo scrittore? Come posso non conoscerlo, ogni Natale mi regali un suo romanzo."

"Ti ricordi il romanzo *Il sospetto*?"

"Sì, è quello con il commissario che vede la foto sul giornale di un criminale nazista?" domanda Stefano.

"Proprio quello. E nelle prime pagine c'è questa bella frase in cui parla della natura del sospetto, una volta che è dentro di te, mette le radici[to take root] e non riesci a scacciarlo."

"Non capisco di cosa parli."

Giorgia non risponde. Stefano si ferma.

"Avanti, Giorgia! Smetti di parlare per indovinelli[riddles]. Dimmi cos'è questa storia!"

Giorgia non vorrebbe parlargliene. Doveva essere una storia chiusa. Ma è successo proprio quello che ha detto a Stefano: anche dopo la spiegazione di Luca non è riuscita a far morire il sospetto. E' rimasto annidato[lurks] dentro di lei.

"E' una stupidata" dice.

"Se ti angoscia[distresses you] così non può essere una stupidata" replica Stefano.

"Dai, sediamoci qui!" Stefano indica una panchina. "Adesso raccontami! "

E così Giorgia parla a Stefano della catenina e dell'adesivo sul computer.

"Capisco che sono tutte sciocchezze[nonsense]" conclude Giorgia "ma sono anche..."

"Non sono sciocchezze" dice Stefano con voce graveserious.

"Lo pensi veramente?" chiede Giorgia.

"Sì, lo penso seriamente. Quando ero in prigione, avevo due cose: tanto tempo libero e il desiderio di scagionarmi. Volevo dimostrare che non ero stato io e quindi cercavo di trovare il vero colpevole. E mi sono ripetuto il film di quei minuti per decine di volte. Non ho trovato niente di utile nelle immagini, ma ho trovato qualcosa nella mia memoria. Mi sono ricordato che ho parlato con Ugo per un paio di minuti. Poi, come forse ricordi, ho rallentato e lui si è affiancato-ran next to Marco. Gli ho chiesto da dove veniva e lui mi ha detto che veniva da Milano. Naturalmente mentiva. Mentre correvamo lui ha guardato l'orologio che portava al polso[wrist] e ho notato che era un orologio speciale."

"Che tipo di orologio?" chiede Giorgia.

"Un orologio che si collega[can be connected] al computer per segnare i percorsi, i tempi e tutto quanto."

"Quello ce l'ho anch'io."

"No, non quello. Tu hai la versione che hanno tutti, questa era una versione particolare, una che … ma lasciamo perdere gli elementi tecnici. E' una versione che in Italia ancora non c'è" spiega Stefano

"E allora? Non capisco dove vuoi arrivare…"

"Quella versione, la stessa versione, l'avevo vista sul computer di Marco in ufficio qualche giorno prima. In realtà me l'aveva fatta vedere lui, tutto gasato[proud]. Sai com'era Marco, quando aveva una cosa…"

"Vuoi dire che aveva visto Ugo prima di allora? Che lui gli aveva dato quell'orologio?" domanda Giorgia.

"No, perché quella versione non gliel'aveva data Ugo, ma suo fratello Luca" dice Stefano.

"Sì, Luca però può averla presa ovunque!"

"No, poteva comprarla solo in un posto, il negozio dove lavorava Ugo."

"Come fai a saperlo?"

"Ho guardato sul web. Solo il Compushop importa quella marca di orologi!"

"Ma perché? Sospettavi di Luca?" chiede Giorgia.

"Cercavo una pista[right track], un possibile colpevole, te l'ho detto. Ma allora non sapevo di Ugo, quindi non ho fatto nessuna connessione tra Ugo e Luca."

"E dopo, dopo che Ugo ha confessato? Perché non me lo hai detto?"

"Proprio perché Ugo ha confessato. Non cercavo un altro colpevole. Ho pensato a una coincidenza" spiega Stefano.

"Una coincidenza, la terza..." commenta Giorgia pensierosa.

"Tre coincidenze sono troppe però. Non credi?" osserva Stefano.

Giorgia si alza dalla panchina con un gesto nervoso.

"Non posso pensare che Luca abbia a che fare con la morte di suo fratello!" esclama.

"Allora non pensarlo!"

"Ma proprio adesso mi hai dato una ragione in più per sospettare!" protesta Giorgia.

"Allora cerca la verità!"

Giorgia si risiede sulla panchina. Si prende la testa tra le mani.

"E pensare che domani mi sposo. Che situazione di merda!" mormora.

"Sì, hai detto bene."

"Tu cosa pensi?"

"No, non chiedermi questo" dice Stefano. "Sono tuo amico, ma Luca è il tuo fidanzato, questa cosa devi sbrigartela da sola."

"Vuoi dire che non mi vuoi aiutare?"

"Aiutare a fare che?"

"A scoprire la verità."

Stefano la guarda negli occhi. Vede che luccicano[gleam] in modo strano come se stesse per piangere.

"Certo che ti aiuto, sciocchina. Ma come?"

"Abbiamo questa sera e domani mattina per fare delle indagini."

"Stasera devo andare dalla mamma a mangiare."

"Stefano, per favore! Sei sempre da tua mamma. Non puoi disdire[cancel]?"

Stefano esita.

“Sì, ok, ma non capisco che cosa dobbiamo fare, che cosa possiamo fare…” dice.

“Semplice, cercare una connessione tra Ugo e Luca, qualsiasi connessione. “

“Una connessione l’abbiamo già, il negozio di computer” spiega Stefano.

“Hai ragione, possiamo andare lì. Sono le sei, abbiamo ancora un’ora prima che chiuda.”

“Prima passiamo a casa e ci cambiamo” propone Stefano. “Non possiamo andare vestiti così, cosa dici?”

Giorgia si guarda: indossa calzoncini e maglietta aderente[tight].

“No, non possiamo” dice.

Tre quarti d’ora dopo i due sono al negozio di computer che si trova a Bergamo Bassa in una delle strade del centro.

C’è soltanto una persona nel negozio. E’ una ragazza piuttosto robusta con la voce gentile. Quando Giorgia le dice che vorrebbero farle qualche domanda, lei capisce subito che riguardano Ugo.

“Sono venuti diverse volte i poliziotti a cercare Ugo” dice. “Qui però non si è fatto più vedere. Mi è tanto dispiaciuto per lui.” E poi chiede:

“Ma voi siete della polizia?”

“No, assolutamente no” risponde Stefano. “Vorremmo solo chiederle se per caso lei conosce questa persona.” Le fa vedere una foto di Luca.

Lei aggrotta la fronte.

“Sì, la faccia mi è familiare, sa… Però… qui passa così tanta gente, forse è un cliente, però non ne sono sicura e… No, però adesso ricordo. L’ho visto non in negozio, ma a casa di Ugo. Sa … io e Ugo ci frequentavamo…”

“Era il suo fidanzato?” chiede Giorgia.

La ragazza arrossisce.

“Non proprio fidanzato. Era un storia solo all’inizio. A me lui piaceva molto e lui era molto gentile, molto dolce anche se parecchio chiuso… E adesso mi dicono che è un assassino. Io, accidenti!, non ho una gran fortuna con gli uomini, sapete…"

"E quindi lei dice di aver visto questo giovane a casa di Ugo" dice Stefano.

"Sì, una sera. Io arrivavo e lui se ne stava andando. Mi ha detto qualcosa tipo 'Buongiorno miss o missis', sì, un qualcosa in inglese, ma non ricordo bene cosa."

"Sì, Luca, Luca mette spesso parole in inglese qua e là" pensa Giorgia. "Porca miseria, è proprio lui."

I due ringraziano la ragazza gentile ed escono dal negozio.

"E adesso? Cosa faccio?" chiede Giorgia.

"Affrontalo[face him], parlagli!"

"Sono sicura che ha una spiegazione anche per questo."

"Credi veramente a quello che dici?" chiede Stefano.

Giorgia non risponde.

"Devi andare alla polizia" le consiglia lui.

"Cosa? Stai scherzando? Io dovrei denunciare[report] il mio fidanzato? Sei impazzito[have you gone mad]?"

"Tu sei la giusta, la buona, la corretta, no?" le fa osservare Stefano.

Giorgia tace.

"Non posso andare alla polizia. Gli parlerò. Devo parlargli…" dice. "Dopo tutto domani ci sposiamo."

"Vuoi che venga con te?"

"No, grazie."

"Chiamami, per favore! Questa sera dopo che hai parlato con lui."

"Ok" risponde lei con voce mesta[sad].

Giorgia fa qualche passo. Stefano le si avvicina e l'abbraccia.

"Giorgia, ricordati che io ti sono sempre vicino."

"Grazie, Stefano."

Giorgia sale in macchina, ma prima di partire chiama Luca. Le risponde dopo parecchi squilli.

"Scusa, ero sotto la doccia" dice. "Come mai mi chiami? Non dovevamo sentirci stasera, no? La sera prima del matrimonio i due sposi non…"

"Scusa, Luca" lo interrompe lei. "Devo assolutamente vederti, parlarti."

"Oh Dio, Giorgia" quasi grida lui. "Tu… non vuoi più sposarmi? Tu…?"

"No" lo interrompe lei. "Cioè… no, la cosa è più complicata. Devo vederti."

"Va bene" fa lui. "Vieni qui tu o vengo io da te?"

"Vengo io, sono già in macchina. Dieci minuti e sono da te."

Nei dieci minuti di tragitto[on the way] Giorgia pensa a un modo per dire a Luca cosa ha scoperto.

"Questa volta non saranno domande" dice tra sé. "Questa volta parlerò come se già sapessi[as though I already knew]. Questa volta devo sapere la verità. Assolutamente."

E infatti, appena è di fronte a lui, lancia la sua accusa:

"So che conoscevi Ugo, so che ti sei incontrato con lui prima dell'omicidio di tuo fratello, so che sei stato suo complice. Immagino anche perché lo hai fatto. Anche se non riesco ad accettare che tu sei un assassino."

"Non sono un assassino, non ho ucciso io mio fratello" risponde lui. Ma con un tono di voce debole, che a Giorgia suona poco convinto.

"Non tu direttamente" insiste lei "ma con l'aiuto di Ugo. Ho le prove, Luca, ho tutte le prove che mi servono[that I need]" aggiunge mentendo. "So che conoscevi Ugo, so che eri a casa sua. So… so tante cose."

Luca tace per qualche secondo. Guarda per terra.

"Forse non vuole guardarmi negli occhi?" pensa Giorgia. "Non ne ha il coraggio…"

Infine Luca spezza[breaks] il silenzio con una domanda. E' una domanda che la ragazza non si aspettava.

"Perché?" chiede.

"Perché?" ripete Giorgia stupita. "Perché cosa?"

"Perché hai fatto questo? Perché hai voluto sapere? Perché hai rovinato tutto?"

"Io... rovinato tutto?" esplode lei. "Tu hai ucciso tuo fratello e io ho rovinato tutto?"

"Ti ripeto che io non ho ucciso mio fratello, ho solo dato a Ugo qualche... suggerimento."

Ecco, quello che Giorgia non avrebbe mai voluto sentire, ma che in fondo aspettava.

"Su come uccidere tuo fratello" dice.

Di nuovo Luca non risponde.

"Avete organizzato tutto insieme, vero?" domanda Giorgia di nuovo.

A questo punto Luca comincia a parlare e racconta tutto:

"Ci siamo incontrati per caso quasi un anno fa al negozio di computer. Io volevo un computer nuovo d'importazione americana che solo loro trattavano. Il Compushop è specializzato in articoli dagli stati Uniti. Lui, Ugo, lavorava lì. Naturalmente non l'ho riconosciuto, era cambiato così tanto... Lui invece ha riconosciuto subito me. Abbiamo parlato un po'. Qualche giorno dopo è venuto a fare l'installazione nel mio ufficio a Mantova. Qui ha fatto un accenno[hint] a Marco, al mio fratello stronzo: 'Mi ha segnato la vita quel bastardo di tuo fratello. E sai cosa gli ho detto una volta? Che gliela avrei fatta pagare[I would make him pay for it]. Che avrebbe pagato con la vita quello che mi ha fatto. E io, un po' sul serio e un po' per scherzo, gli ho risposto: 'Però quella promessa tu non l'hai mantenuta[kept]. A me sembra che mio fratello sia vivo e vegetosafe.' E lui: 'Ma non si sa mai nella vita...' E... e così sì, è nata così l'idea."

"Così è nata l'idea" ripete Giorgia. "E tu? Tu perché volevi uccidere tuo fratello? Per l'azienda, vero? Per avere ... tutto?"

"Io odiavo mio fratello, cento, mille volte ho pensato di ucciderlo, ma..."

"Ma non hai mai avuto il coraggio, vero?"

"Proprio così. E da quando è morto in effetti la mia vita, che prima era vuota e insignificante, è diventata una vita piena, soddisfacente. Ho l'affetto di mio padre, ho il lavoro, ho… te."

"No, me no, non più" dice Giorgia, gli occhi pieni di delusione[disappointment] e risentimento.

La ragazza si copre la faccia con le mani.

"Mio Dio, Luca" esclama.

Lui le si avvicina e lei si scosta.

"No, non ti avvicinare… Io… io non voglio. Tu hai ucciso tuo fratello, sei un assassino."

"Non l'ho ucciso io."

"E' come se lo avessi fatto[as though you had done it]" grida Giorgia. "E lo sai anche tu!"

Luca tace. Per qualche secondo, i due giovani stanno in silenzio. Un silenzio che pesa[weighs] più delle parole…

Luca è il primo a parlare.

"Immagino che il nostro matrimonio sia …" Non riesce a continuare. Giorgia completa la frase:

"Non ci sarà nessun matrimonio. Io non posso sposarti. Non posso sposare l'uomo che ha ucciso il mio migliore amico."

Luca annuisce mordendosi le labbra[biting his lips] nervosamente.

"Capisco che non vuoi sposarmi Giorgia, ma non mi denuncerai[you won't report me], vero?"

Giorgia scuote la testa. Fa qualche passo verso la porta.

"Giorgia" la chiama lui.

Lei di nuovo non risponde.

"Ti amo, Giorgia" sono le ultime parole che sente prima di uscire.

1. Il matrimonio di Giorgia è

A venerdì
B sabato
C mercoledì

2. Giorgia cita

A Dürrenmatt
B Kafka
C Mann

3. L'orologio di Marco era

A nuovissimo e Americano
B molto costoso e Inglese
C antico e Svizzero

4. Stefano vuole andare

A dalla mamma
B da Vincenzo
C a casa di Giorgia

5. La ragazza nel negozio di computer è

A molto alta
B robusta
C molto magra

6. La ragazza

A era la fidanzata di Ugo
B era la moglie di Ugo
C aveva avuto una storia con Ugo

7. Dopo essere andata al negozio di computer, Giorgia decide di

A andare alla polizia
B parlare con suo padre
C parlare con Luca

8. Quando incontra Luca, Giorgia

A gli fa delle domande
B non gli parla
C lo accusa direttamente

9. Luca dice che

A ha ucciso Marco
B non ha ucciso Marco
C ha aiutato Ugo ad uccidere Marco

10. Luca _____ suo fratello

A odiava
B non conosceva
C voleva bene a

11. Alla fine Luca dice

A che non ama più Giorgia
B che non ha mai amato Giorgia
C che ama ancora Giorgia

1 – a, 2 – a, 3 – a, 4 – a, 5 – b, 6 – c, 7 – c, 8 – c, 9 – c, 10 – a, 11 – c

Capitolo 12: La fine

Mancano tre giorni a Natale. Il parco è coperto di bianco; ieri è nevicato e oggi fa ancora freddo. Ma i runner non si fermano. Neanche Giorgia, che oggi è venuta sempre alla stessa ora per l'allenamento. Accanto a lei il fedele[faithful] Stefano.

"Stai cercando lavoro?" chiede Stefano.

"Certo e forse ho trovato qualcosa."

"Davvero?"

"Sì, in una multinazionale all'ufficio personale. Domani ho l'ultimo colloquio[interview.]"

"Beata te[lucky you]" esclama Stefano. "Io non ho trovato ancora niente. Ho mandato cento curriculum, ma non risponde nessuno."

"Prova con il web, io ho trovato così. Oh, aspetta, mi suona il cellulare!"

"Non avevo visto che correvi con il cellulare in mano!" commenta Stefano. "Che strano, tu odi il cellulare!"

Giorgia ha risposto al cellulare.

"E' la polizia" dice. "Mi hanno detto di andare subito in questura[police station]".

"Luca! Hanno trovato Luca o Ugo" esclama Stefano.

"Ma che Luca! Sai che non ho mai parlato alla polizia di Luca. Deve essere qualcosa d'altro."

"Ti accompagno" si offre Stefano.

In macchina i due continuano a parlare.

"Capisco che non hai avuto il coraggio di denunciare Luca, sai… Dopo tutto era l'uomo che amavi, che volevi sposare."

"Sì, pensa che stupida sono! Ho potuto amare un assassino. Non avevo capito niente."

"Succede, cara. Mia mamma dice che non si conosce mai abbastanza bene nessuno."

"Caspita! E' saggia[wise] tua mamma!" commenta Giorgia ironicamente.

Stefano non replica. Invece chiede se Giorgia abbia più avuto notizie di Luca.

"Assolutamente no" risponde lei. "Nessuno ha avuto notizie. Se n'è andato con tutti i soldi che è riuscito a recuperare[find]. Non ha toccato il capitale dell'azienda però."

"Da un giorno all'altro, come Ugo."

"Sì, proprio come Ugo."

"Magari vivono insieme da qualche parte" ridacchia Stefano.

"Spiritoso!"

In questura l'aspetta il commissario.

"Signorina" dice. "Abbiamo delle notizie importanti. E volevo dargliele personalmente. Ah, vedo che c'è anche il suo amico Stefano. Piacere di vederla."

"Faccia di merda, l'ultima volta che ci siamo visti mi hai messo dentro" pensa Stefano.

"Abbiamo trovato Ugo Palazzi. Vive in Sudamerica, nel Belize. Abbiamo chiesto un mandato di estradizione, ma sarà difficile. Quel paese è una scatola chiusa, una volta che ci sei dentro non ne esci più. Dalle mie fonti[sources] ho anche saputo che il signor Ugo vive con qualcuno, una persona che lei conosce bene, molto bene."

Giorgia non replica. Aspetta.

"Il suo fidanzato, o meglio, il suo ex fidanzato, Luca Paolini. Ho saputo che ha lasciato il paese improvvisamente. Il giorno del suo matrimonio addirittura. Lei sa perché?"

Giorgia di nuovo tace. Stefano parla invece.

"Giorgia" dice "è rimasta addolorata[hurt] da questa vicenda commissario. Sa… praticamente mollata[dumped] all'altare…"

Giorgia gli lancia un'occhiataccia[an ugly look], ma continua a tacere.

"Io ho un'altra teoria, una teoria completamente diversa" dice il commissario. "Secondo questa teoria il signor Luca Paolini ha raggiunto nel Belize Ugo Palazzi perché i due si conoscevano. E perché si conoscevano?" il commissario fa seguire una breve pausa a questa domanda retorica. "Si conoscevano perché insieme avevano programmato l'omicidio di Marco Paolini, fratello di Luca ed ex compagno di classe di Ugo. La signorina Giorgia l'ha scoperto, ha parlato con Luca, questi ha avuto paura di una denuncia[of being reported], così è scappato. Dico bene, signorina?"

Ma Giorgia ancora non risponde. Pallida e tesa, sta seduta di fronte al commissario.

Stefano le prende la mano.

"Giorgia" le dice. "Giorgia… il commissario ti ha fatto una domanda."

"Io non ne sapevo niente" risponde infine Giorgia.

"Va be'" fa lui. "Lei può dire quello che vuole, ma le cose sono andate così, ne sono sicuro. Purtroppo non ho prove. E comunque non importa finché non riusciamo ad avere indietro quei due."

Il commissario si alza, il colloquio è finito.

In strada Giorgia saluta Stefano e si avvia verso casa.

Stefano la segue.

"Non vuoi che ti accompagni, che stia un po' con te?" le propone.

"No grazie, Stefano. Preferisco stare da sola."

Ma Giorgia non va a casa.

Torna a correre al parco e durante la sua lunga corsa pensa a Marco e al suo omicidio. Pensa anche a Luca, a quanto l'ha amato e quanto ancora purtroppo lo ama.

"Una volta Marco ha detto che il destino di ogni persona è segnato in qualche modo[in some way] da un'altra persona, in modo positivo o negativo. Per me questa persona è stata Luca. Da ora in poi non riuscirò più a vedere le persone e la vita come prima. Mai più."

Giorgia corre fino alla panchina in fondo al parco. Si ferma a fare stretching. Guarda la neve e pensa come sarebbe essere lì con Luca. Sente un groppo alla gola.

"Non piangere" mormora "non per un assassino…"

ESERCIZI

1. Stefano

A è disoccupato ma sta cercando lavoro
B ha un lavoro ma ne sta cercando un altro
C è disoccupato e non sta cercando lavoro

2. L'ispettore vuole ______ Giorgia e Stefano

A arrestare
B uccidere
C fare delle domande a

3. Ugo

A è morto
B è stato arrestato
C è ancora in Sud America

4. Alla fine, Giorgia

A va a correre da sola
B torna a casa
C va a correre con Stefano

1 – a, 2 – c, 3 – c, 4 – a